우리가 꼭
알아야 할
판결

3판 1쇄 발행 2023년 5월 1일
3판 3쇄 발행 2025년 7월 15일

글 홍경의

그림 문신기

감수 차병직

종이 신승지류유통(주)

인쇄 제본 상지사 P&B

펴낸곳 도서출판 나무야

펴낸이 송주호

등록 제307-2012-29호(2012년 3월 21일)

주소 (03424) 서울시 은평구 서오릉로27길3, 4층

전화 02-2038-0021

팩스 02-6969-5425

전자우편 namuyaa_sjh@naver.com

ISBN 979-11-88717-30-9 73360

©홍경의

· 이 책 내용의 전부 또는 일부를 재사용하려면
  반드시 저작권자와 도서출판 나무야 양측의 동의를 받아야 합니다.
· 책값은 뒤표지에 표시되어 있습니다.

시민의 편에서 약자의 손을 잡아 준 판결 12

우리가 꼭 알아야 할 판결

홍경의 글 | 문신기 그림 | 차병직 감수

Namuyaa Publisher

책을 펴내며

법률가의 정의가 세상을 바꿀 수 있을까?

그렇습니다.
법률가의 정의가 세상을 바꿀 수 있습니다.

법률가는
우리가 마땅히 따라야 할 사회 규범을 만들고,
그 규범을 해석하거나 실제로 집행하는 사람입니다.
그러니 법률가가 어떻게 하느냐에 따라서
많은 것이 달라질 수도 있습니다.
권력자를 도와 더 큰 힘을 가지려는 사람이 될 수도 있고,
보다 정의롭고 공정한 사회가 되는 데
작은 힘이나마 보태려는 사람이 될 수도 있는 것입니다.

이 책에 실린 판결 이야기들이 그 증거입니다.
아주 멀게만 보이던 법이
시민들에게 다가가 그 손을 따뜻하게 잡아 주었을 때
시민들은 비로소 박수를 치고 서로 기뻐하면서
정의롭다, 공정하다 이야기했습니다.

역사 속에서 한 법률가는 이렇게 말했습니다.
더 똑똑하고, 더 성실하고, 더 재능이 있고,
그래서 더 많은 기회가 있고, 더 많이 부유해진 사람들이
그 가진 것을 나누어야 이 세상에 정의가 실현된다고 말입니다.
많은 이들이 기억하는 고 조영래 변호사는
판결이 시대를 이끌어야 한다며 시민의 권리를 위해 일했고
끝내 '억울한 사람들이 제일 먼저 떠올리는 이름'으로 남았지요.

외국 교과서에서나 볼 수 있던 공익 소송,
우리 헌법에 그저 이름으로만 올라가 있던 환경권, 사회권은
어떻게 현실이 되어 시민의 삶을 보듬어 주었을까요?
이 책에 실린 열두 가지 판결 이야기들이
지나가 버린 과거의 사건이 아니라 오늘의 우리 이야기로
부끄럽게 읽히는 까닭은 또한 무엇일까요?

그렇습니다. 시민의 뜻을 저버리지 않은
법률가의 정의가 세상을 바꿀 수 있습니다.

 차례

시작하는 글 : 판결로 이루어진 세상 11

❶ **50년 동안의 외침 20**
  '호주제' 폐지 판결 이야기

❷ **투표 가치는 평등해야 한다 33**
  선거구 획정과 '게리맨더링' 이야기

❸ **천재가 아니라 인재입니다 43**
  우리나라 최초의 '공익 소송' 이야기

❹ **누가 바다를 더럽혔을까? 54**
  '입증 책임'은 누가 져야 할까?

❺ **누가 뭐래도 고문은 안 되죠! 64**
  공권력은 누구를 위한 것일까?

❻ **솜방망이로 역사를 바로잡을 수 있을까? 74**
  친일파 후손들의 땅 찾기 소송 이야기

⑦ 여자라서 그렇다고요? 85
여성의 평등권과 '유리 천장' 이야기

⑧ 상봉동의 검은 민들레 95
우리 법원에서 처음 논의된 '환경권' 이야기

⑨ 사회권도 인권입니다! 107
노령 연금과 '사회권' 이야기

⑩ 피지도 지지도 못한 꽃 118
일본군 위안부 헌법재판소 판결 이야기

⑪ 또 하나의 희망 130
산업재해와 노동자의 권리 이야기

⑫ 바다로 간 제돌이 144
남방큰돌고래와 동물의 권리 이야기

도움 받은 책과 자료 156

시작하는 글

판결로 이루어진 세상

　여러분은 판결이라고 하면 어떤 생각이 먼저 드나요?
　법에 대해 물으면 이런저런 말들이 바로 나올 것 같은데, 판결은 왠지 우리하고 아무 상관 없는 것처럼 잘 와 닿지 않는다고 할 것 같기도 해요. 그럴 만도 해요. 평생 법원에 간 적도, 소송 한 번 해 본 적 없는 어른도 셀 수 없이 많거든요.
　사실은 아주 쉽고 간단합니다. 법전에 쓰여 있는 법을 살아 움직이게 하는 것이 바로 판결이거든요. 어떤 사람이 도둑질을 했다면, 법에서는 도둑질한 사람을 어떻게 처벌할지 정하고 있고, 판결은 그 사람을 법정에 세운 뒤에 법에 따라 처벌의 내용을 확정하는 것입니다. 여러분이 텔레비전에서 본 온갖 자질구레한 사건들도 법에 의해 판결이 내려집니다. 뉴스나 신문을 잘 보면, 살인 같은 무서운 범죄를 저지른 사람이 판결에 의해 어떤 형벌을 받는지도 알 수 있어요.

이렇듯 우리 생활에는 판결의 손길이 구석구석 미치고 있습니다. 눈에는 보이지 않지만, 법과 판결이 만든 질서 안에서 우리는 살아왔고 또 살고 있는 것이지요. 그런 법과 판결이 만든 약속을 지키면서 누구나 안전하고 행복하게 살고 싶어 하고 말이지요.

그러니 우리나라에 헌법과 법률이 생기고 법원에서 무슨 일이 있었는지 들여다보면 무언가 보일 것도 같습니다. 우리 사회의 오랜 고민을 해결해 주고, 우리를 좀 더 행복하게 만든 판결을 만날 수도 있을 거예요. 그 판결에 어떤 한숨과 눈물이 배어 있는지, 그 판결이 나오기까지 어떤 노력들이 있었는지도 자연스레 알게 되겠지요. 그렇게 세상의 일은 판결로 하나하나 매듭지어지면서 오늘에 이르렀으니, '판결로 이루어진 세상'이라고 해도 틀린 말은 아닐 것 같습니다.

약자의 손을 잡아 준 판결

이 책에는 모두 열두 가지 판결 이야기가 들어 있습니다.

영국 런던 올드베일리 형사 재판소 앞 정의의 여신상 정의의 여신은 '디케' 혹은 '유스티티아'라고도 한다. 한 손에는 저울, 다른 한 손에는 칼을 들고 있다. 저울은 한쪽으로 치우치지 않는 공정한 판결을, 칼은 판결의 엄정함을 의미한다. 눈을 가린 것은 정의롭고 공정한 판결에 방해가 되는 것은 무엇이든 보지 않겠다는 다짐이다. ⓒ연합뉴스 우리 사회가 좀 더 성숙해진, 많은 사람들이 박수를 치며 기뻐했던 판결의 순간들이지요. 아주 멀게만 보이던 법이 시민들에게 다가가 그 손을 따뜻하게 잡아 준 순간이기도 합니다. 그걸 보고 시민들은 비로소 정의롭다, 공정하다 말했지요.

물론 그런 판결이 나오기까지는 법률가들의 힘겨운 노력이 있었습니다. 부와 권력을 가진 사람 편에 서는 게 아니라, 시민의 편에 서서 시민의 목소리에 귀를 기울인 것입니다. 딱한 처지에 내몰린 사람들, 하루하루 힘겹게 살아가는 보통 사람들 곁에서 그들의 눈이 되고, 귀가 되고, 입이 되려고 한 사람들이 있었던 것입니다. 시민의 뜻을 저버리지 않은 법률가의 정의가 세상을 바꿀 수 있다는 것을 우리에게 보여준 것이지요.

우리나라 최초의 여성 변호사가 된 이태영은 여성의 지위를 높이기 위해 평생을 바친 사회 운동가로 살았습니다. 오랜 세월 동안 여성의 발목을 잡아 온 '호주제 폐지 판결' 과정에서는 맨 앞으로 나아가 중요한 역할을 해냈지요. 〈전태일 평전〉을 쓴 조영래 변호사는 가난한 사람들의 벗이 되어 스스로 여러 가지 공익 소송을 맡았습니다. 권력과 돈을 가진 사람들을 상대로 하는, 이른바 '계란으로 바위치기' 소송이었지요. 보나마나 뻔하다는 그 소송에서, 그는 착하고 힘없는 이들의 곁을 지키며 끝내 값진 판결을 얻어 냈습니다. 그러는 사이 조영래라는 이름은

'억울한 사람들이 제일 먼저 떠올리는 이름'으로 남았어요.

법률가는 마땅히 따라야 할 사회 규범을 만들고, 그 규범을 해석하거나 실제로 집행하는 사람입니다. 그러니 법률가가 어떻게 하느냐에 따라 많은 것이 달라질 수도 있습니다. 권력자를 도와 더 큰 힘을 가지려는 사람이 될 수도 있고, 보다 정의롭고 공정한 사회가 되는 데 작은 힘이나마 보태려는 사람이 될 수도 있는 것이지요.

아름다운 판결 하나

우리 사회에는 이런 판결도 있었습니다. 법정에 선 소녀와 김귀옥 판사의 이야기예요.

한 소녀가 있었습니다. 소녀는 차갑고 엄한 분위기의 법정이 익숙한 모양이었어요. 그 어떤 것에도 시큰둥하였지요. 그날도 소녀는 생각했습니다.

'쳇, 가서 화장실 청소나 하고 억지로 고된 일 만들어서 오라 가라 귀찮게 하겠지 뭐. 그까짓 사회봉사 명령 같은 거 하나도 안 겁나. 그런 판결 따위로는 나를 바꿀 수도 없고 이 세상도 바뀌지 않아.'

열네 살 소녀는 세상에 대해 별로 두려울 것도 없었지요. 도둑질이 여러 번 반복되고 그에 대한 처벌도 늘 비슷했어요.

점점 무거워진다고는 하지만, 소녀에게 그깟 형벌쯤은 이제 어찌 되든 상관없었어요. 그렇게 소녀는 편치 않은 마음으로 판사의 결정을 기다리고 있었어요. 그때 판사가 입을 뗐습니다.

"영인아, 일어나 보렴."

소녀는 쭈뼛쭈뼛 일어났어요.

"자, 나를 따라해 봐. 나는 이 세상에서 가장 멋진 이영인(가명)이다!"

소녀는 어리둥절하여 주위를 살폈습니다. 사회봉사든 보호관찰이든, 어떤 처분을 내리고 '땅 땅 땅' 나무 방망이를 내리치면 그만일 상황인데 이게 무슨 소리인가 싶었지요. 다시 판사가 말했어요.

"나는 이 세상에서 가장 멋진 이영인이다. 큰 소리로 외쳐 봐."

그제야 소녀는 판사의 얼굴을 보았습니다. 엄마뻘의 아줌마 같은 모습의 판사가 웃음 가득한 얼굴로 자신을 바라보고 있었어요. 옆을 돌아보자 안타까운 표정을 한 소녀의 부모가 어서 따라해 보라며 재촉하고 있었지요.

"나, 나는 이 세상에서 가, 가장 머, 멋진 이영인이다."

"다시 한 번 씩씩하게 따라해 봐. 나는 이 세상에 두려울 게 없다."

소녀는 조금 더 용기를 내서 이 세상에 두려울 게 없다고

"이 세상에 나는 혼자가 아니다……."

외쳤습니다. 판사는 여전히 소녀에게서 눈을 떼지 않았어요. 그러고는 이렇게 말했지요.

"이 세상에 나는 혼자가 아니다."

판사는 소녀를 바라보며 다시 한 번 큰 소리로 말했습니다.

"이 세상에 나는 혼자가 아니다."

혼자가 아니라고 따라 외치던 소녀가 그제야 참았던 울음을 터뜨렸습니다. 판사는 소녀를 앞으로 불러내 두 손을 꼭 잡아 주었지요. 그러고는 이 세상에서 가장 소중한 사람은 바로 나 자신이라고, 그걸 잊으면 안 된다고 당부했습니다. 판사의 요구는 여기에서 끝나지 않았어요. 소녀의 아버지와 어머니에게도 어서 와서 소녀를 안아 주라고 하였지요.

이 사건에서 김귀옥 판사는 아주 독특한 결정을 내렸습니다. 소녀에게 벌을 주는 대신 자신이 가장 멋지고 소중한 사람이라고 외치게 한 것입니다. 판사는 잘 알고 있었어요. 똑똑하고 명랑했던 소녀가 불량배들에게 씻을 수 없는 폭력을 당한 뒤 변했다는 것을 말이지요. 소녀는 점점 말이 없어지고 세상에 대한 반감을 키웠어요. 습관적으로 남의 물건을 훔치면서 세상에 대한 분노를 키워 간 것입니다. 김귀옥 판사는 그런 소녀에게 힘을 주고 싶었습니다. 법에 의한 처벌보다는, 잃어버린 자존감을 되찾아 주는 것이 먼저라고 판단한 것이지요.

그렇다면 김귀옥 판사의 이런 결정도 판결이라고 할 수 있을까요? 그렇습니다. 이 또한 법관이 내릴 수 있는 넓은 의미의 판결입니다. 상처 받은 한 소녀의 과거와 현재, 그리고 몸과 마음까지 어루만져 준 아름다운 판결이 된 것이지요.

1

50년 동안의 외침

'호주제' 폐지 판결 이야기

혹시 학교에서나 집에서 차별 받았다고 느낀 적 있나요?

"야! 너희 남자들은 5분 동안 손들고 있어."

쉬는 시간에 장난치고 놀았다고 담임선생님이 이렇게 소리치며 남학생들에게만 벌을 세우셨는데, 이것도 차별일까요?

"오빠는 친구 집에서 자기도 하고, 밤늦게 혼자 들어와도 뭐라고 안 하시면서 왜 나는 안 돼요?"

어떤 여학생은 남자 형제에 비해 차별 받는다고 느낀 나머지 부모님한테 이렇게 볼멘소리를 했는데, 이것도 차별이라고 할 수 있을까요?

친구들 마음은 이해하지만, 두 경우 다 차별보다는 차이로 보입니다. 남학생은 여학생보다 활동량이 많아서 신나게 놀다가 혼나기 일쑤지요. 아들에 비해 딸에게 제약이 많은 것은 아무래도 신문이나 방송에서 여성을 상대로 한 범죄 소식이 자주 들리는 까닭일 것입니다. 차별이라기보다는 보호하려는 마음이 크신 까닭이겠지요.

그런데 지금으로부터 10년 전만 해도 남녀를 차별하는 법이 버젓이 존재했습니다. 가족 안에서 남녀를 차별하는 법이 정말 있었어요. 한 집안의 주인이라는 뜻인 호주와 호적제도에 관한 규범인 '호적법'이었는데, 지금은 헌법에 위반된다는 판결로 사라졌지만 아주 오랫동안 여성들의 삶을 옥죄었답니다. 1950년에 처음 제정된 그 법이 법전에서 사라지는 데도 무려 50년이 넘게 걸렸지요. 헌법재판소 판결이 나오기까지 무슨 일들이 있었는지 한번 볼까요?

"엄마, 왜 난 김 씨야? 동생은 이 씨인데?"
"새삼스럽게 왜 그런 말을 하니?"
딸 선희의 말에 엄마는 눈살부터 찌푸렸습니다. 그러자 옆에 있던 동생 준희도 말했어요.
"나도 학교에서 친구들이 막 놀려. 누나랑 성이 다르다고."

둘은 집에서는 사이좋은 오누이지만, 학교에서는 서로 모르는 사이처럼 지냈습니다. 둘의 성이 달라 친구들의 놀림감이 되었던 것입니다. 엄마는 그런 사실과 이유를 잘 알았지만 어떻게 할 방법이 없었어요.

"성을 바꾼다는 게 생각 같지는 않구나. 어찌 되었든 너희는 엄마 아빠의 사랑스런 딸이고 아들이야."

그러자 선희가 작정한 듯 물었어요.

"어떻게 해서 우리 성이 다른지 설명이라도 해 주세요."

"그래, 엄마도 얘기하는 게 쉽진 않다만 한번 들어 보렴."

엄마는 선희와 준희를 앉혀 놓고 이야기를 시작했습니다. 아빠는 묵묵히 듣고만 있었지요.

"엄마 아빠는 많이, 아주 많이 사랑해서 결혼했어. 엄마에겐 예쁜 선희가 있었지. 아빤 우리 선희도 무척 사랑해서 엄마랑 결혼한 거야. 그리고 준희를 낳은 거고."

"그런데 왜 누나는 김 씨예요? 저처럼 아빠 성을 따를 수는 없어요? 아니면 우리 둘 다 엄마 성인 서 씨가 되면 좋은데. 우린 남매잖아요."

엄마 아빠는 한숨을 내쉬며 서로의 안색을 살폈습니다. 거기엔 사연이 있었습니다. 엄마가 그 사연을 들려주었어요. 엄마인 서진영 씨는 오래 전에 사랑한 사람이 있었습니다. 결혼을 약속하고 임신까지 했지요. 그런데 불의의 사고로 그 사람이 세상을 떠나고 말았습니다. 그 뒤 진영 씨는 딸을 낳았고 그 아기가 바로 선희였어요.

엄마는 아기의 출생 신고도 하고 어떻게든 호적에도 올려야 했으므로, 가능하면 선희를 자신의 호적에 올리고 싶었습니다. 그런데 미혼모가 되어 버린 진영 씨가 아기를 입적하는 것이 법적으로 문제가 되었어요. 재판도 거쳐야 하고 진영 씨의 현 호주인 아버지의 동의도 필요했지요. 고민 끝에 아기의 친할아버지를 찾아가 입적을 요청했습니다. 그렇게 선희는 죽은 아빠의 성을 따라 김선희가 되었습니다.

그리고 몇 년 뒤, 진영 씨는 지금의 남편 이정수 씨를 만났습니다. 서로의 아픔을 이해한 두 사람은 결혼하기로 약속했지요. 그리고 선희를 새 아빠의 성으로 바꾸기 위해 알아보게 되었습니다. 그런데 선희의 성을 바꾸기 위한 절차는 아주 복잡하고 어려웠어요.

"호적법에 따라 김선희의 전 호주와 새 호주의 동의를 모두 얻어야 호적을 바꿀 수 있습니다. 그리고 성을 바꾸려면 재판을 받아야 합니다."

호적 담당 공무원은 이렇게 말했습니다. 재판 절차도 복잡하고 재판을 한다고 해서 변경이 허락될지도 알 수 없었지요.

그래도 선희 부모는 선희의 전 호주인 친할아버지와 새 호주가 된 정수 씨 아버지의 동의를 얻으려고 노력했습니다. 하지만 두 사람 다 선희의 호적 변경을 허락하지 않았기 때문에 그대로 김선희로 남게 되었던 것입니다.

"한 가족인데, 나만 우리 가족이 아닌 것 같네."

이야기를 듣던 선희의 표정이 더욱 어두워졌어요.

"그런 말 하지 마라. 언젠가는 잘못된 법을 고치게 될 거야. 우린 누가 뭐래도 한 가족이고 넌 내 딸이야."

아빠가 선희의 등을 토닥이며 달랬지만, 한동안 선희는 방황했습니다. 그걸 지켜보는 가족들은 가슴이 아팠지요.

선희의 성이 바뀌고 가족의 한 사람으로 거리낌 없이 살아가야 마땅할 것 같은데, 여러분의 생각은 어떤가요? 그런데 호적법은 너무 엄격한 조건들을 요구했습니다. 선희의 이야기는 한 가정이 어디에서 어떻게 시작하고 그 범위를 어디까지로 봐야 하는지, 그리고 신분에 대한 결정권을 누가 정하는지에 대한 여러 가지 의미가 포함된 이야기예요.

호주의 권한이 너무 커서 가정을 유지하기 어렵고, 그 때문에 고통 받은 것은 선희네 만이 아니었습니다. 호주가 사망한 뒤에 누가 호주가 될 것인지에 대한 문제도 있었지요. 이번에는 재우네 가족을 볼까요?

재우는 태어난 지 백일도 안 된 사내아이입니다. 불의의 사고로 아빠가 돌아가시고 엄마와 함께 살았지요. 그런데 얼마 뒤, 시골에 계시던 할아버지마저 세상을 떠나고 말았습니다. 어느 날 재우 엄마는 집안일로 호적등본을 떼야 했는데, 그걸 보고는 깜짝 놀랐습니다.

"어머, 이게 웬일이야!"

백일도 안 된 아기인 재우가 집안의 주인 격인 호주로 표시되어 있었던 것입니다. 호적법은 '직계비속 남자'로 호주가 이어지도록 정하고 있었어요. 즉 할아버지와 그의 장남, 다시 그의 맏손자로 호주의 지위가 이어지는 것입니다. 따라서 할아버지의 둘째 아들인 재우의 삼촌도 호주가 될 수 없었고, 할머니나 어머니, 재우의 누나 등은 여성이라 호주가 될 자격이 한참 뒤로 밀렸어요. 심지어 딸만 있는 어떤 가정에서는 남편이 바람을 피워 낳은 아들이 호주가 되기도 했지요.

그렇게 백일도 안 된 재우가 집안의 호주가 되었습니다. 그런데 호주가 미성년자인 경우에는 누군가 대신할 사람이 필요했어요. 당연히 재우네는 엄마가 모든 법적인 일들을 맡을 수밖에 없었지요. 맏아들이 호주가 되도록 규정하고, 다시 그 아들에게만 상속권과 같은 권리를 주다 보니, 장남이 아닌 아들이나 딸의 권리는 아예 무시되고 마는 것입니다. 그러자 오랫동안 참아 왔던 여성들이 하나 둘씩 나서기 시작했어요.

"도대체 백일도 안 된 아기가 호주라니요! 이런 말도 안 되는 법이 어디 있습니까?"

"남녀 차별에 불필요한 권한만 키운 호주제에 반대합니다. 호적법 자체가 일본 제국주의 시대의 잔재인 것입니다."

여성들의 목소리는 점점 높아졌습니다. 여성은 어떤 권리도 가질 수 없도록 차별하여 정한 법이었기 때문이지요. 그밖에도 호주제는 여러 가지 다툼의 원인이 되는 경우가 많았습니다. 그러나 법이 정하고 있는 한 '합법'이었기에 어쩔 수 없었어요.

사실, 누가 호주가 되느냐보다 더 중요한 것은 가정에 호주라는 우두머리가 꼭 있어야 하는지에 대한 의문이었습니다. 여성들은 그런 제도가 왜 필요한지, 왜 남자만 우두머리가 되도록 법으로 정해서 여자보다 우위에 있게 했는지 하나하나 지적하면서 개정을 요구했어요. 게다가 헌법은 최고의 상위법으로서 모든 법의 기초가 되는데, 우리 헌법은 남녀가 만나 평등한 가정을 이루는 것을 바람직하게 여기고 있었지요. 그러므로 호주를 우두머리로 한 남자 위주의 민법 규정과 민법을 근거로 만들어진 호적법은 그러한 헌법 정신을 위반할 여지가 분명 있었습니다. 몇몇 사람들은 민법이 제정되기 전부터 이미 그 사실을 알고 있었지요.

1984년 8월, 서울 광화문 세종문화회관 앞에서 전국여성연합회 주최로 가족법 개정을 촉구하는 서명 운동이 열려 시민들이 서명하고 있다. 왼쪽에서 두 번째가 우리나라 최초의 여성 변호사가 된 이태영 선생이다. ⓒ연합뉴스

그때 이태영 변호사는 굳은 각오로 대법원장을 찾아가 이렇게 말했습니다.

"민법에서 정하고 있는 호주제는 헌법이 보장하고 있는 남녀평등에 반할 우려가 있으니 바뀔 수 있도록 도와주십시오."

이태영 변호사는 우리나라 최초의 여성 변호사가 되어 여성의 법적 지위 향상을 위해 노력해 오던 참이었습니다. 우리나라 법조계의 우두머리인 대법원장이라면 잘못된 관행을 바로잡을 수 있을 거라 믿어 의심치 않았지요. 하지만 대법원장은 호통부터 치기 시작했습니다.

"천오백 만 명이나 되는 여성이 불평 한 마디 없이 잘 살고 있는데, 법 좀 배웠다고 어디서 건방지게 휘젓고 다니는 거야!"

이태영 변호사는 다시 한 번 고개를 떨굴 수밖에 없었습니다. 늘 존경해 오던 대법원장이었기에 더 가슴이 아팠어요. '남자는 하늘, 여자는 땅'이라는 말이 공공연하게 돌아다니던 시대이기도 했지요.

그럼에도 불구하고 이태영 변호사는 포기하지 않았습니다. 그럴 때마다 불평등한 법 때문에 고통 받는 여성들의 눈물을 잊지 않겠다고 다짐했어요. 특히 전통 유학을 믿고 받드는 '유림'의 반대가 심했는데, 그들을 어떻게 설득해야 할지가 가장 큰 고민이었습니다. 어떻게 보면 남녀평등을 해치는 호적법이

50년을 버틸 수 있었던 것도 다 그들이 있었기 때문이지요. 그들은 언제나 이렇게 말해 왔어요.

"호주제는 평등 원칙 못지않은 우리나라의 오랜 전통이고, 이는 헌법이 보호하는 것이기도 합니다."

"우리나라의 미풍양속을 해칠 수는 없습니다. 호주제를 폐지하면 수천 년 동안 이어 온 전통 질서가 와르르 무너지고 말 것입니다."

국회는 이러한 유림의 주장을 의식해서 법 개정을 제대로 하지 못했습니다. 다만, 민법과 호적법을 아주 조금씩 개정해 나갈 뿐이었지요. 그러다가 1989년에 이르러서는 호주의 모든 권한이 사라지고 호주와 호주제라는 이름만 빈껍데기처럼 남게 되었습니다. 50년이 넘도록 수십 번이나 법이 바뀌었지만 그래도 호적법은 살아남았던 것이지요.

그러던 2005년 2월, 마침내 호주제에 관하여 헌법 불합치 판결이 헌법재판소에서 나왔습니다. (헌법재판소 2005. 2. 3. 선고 2001헌가9 판결 외 2004헌가5 외 병합) 호주제가 '정당한 이유 없이 남녀를 차별하는 제도'라며 역사에 남을 판결을 내린 것이지요. 사실, 이는 너무 늦게 온 소식이기도 했습니다. 가족이라면 누구나 평등한 존재로 여기는 것이 이미 당연해졌고, 가족의 모습도 엄마와 자녀들만 살거나 앞에 나온 선희네처럼 재혼한 부부로 이루어지는

호주제 폐지에 반대하고 있는 유림과 시민들 2003년 6월, 가족법 개정 반대 전국 유림 궐기 대회에서 참석자들이 현수막을 걸고 호주제 폐지 반대 구호를 외치고 있다. ⓒ연합뉴스

등 여러 가지로 다양해졌으니까요. 게다가 일하는 여성이 가장 역할까지 하는 집도 어느덧 많아졌습니다. 그래서 헌법재판소는, '호주제가 비록 우리 민족의 전통과 관련이 있긴 하지만, 변화된 사회와 가족의 모습하고는 어울리지 않고, 오히려 가족을 억압하거나 차별하고 있기 때문에 호주제를 계속 유지할 이유가 없다'고 판결한 것이지요.

호주제가 헌법에 위반된다는 판결이 내려지자 시민들의 반응은 그야말로 뜨거웠습니다. 그동안 호주제 폐지를 위해 노력해 온 시민들은 마침내 오랜 숙원을 풀었다며 뜨거운 눈물을 흘렸지요. 호주제라는 무거운 족쇄를 발에 매단 채 한평생 고통 받아 온 여성들이 누구보다 기뻤을 것입니다. 이와는 반대로 가문과 혈통, 미풍양속이 땅에 떨어졌다며 목소리를 높이는 이들도 여전히 많았어요.

그 뒤 10년, 호주제를 폐지하면 하늘이 무너질 것처럼 걱정했던 일들은 전혀 일어나지 않았습니다. 2008년 '가족 관계의 등록 등에 관한 법률'이 만들어지고부터는 아버지의 성을 따르는 것에도 변화가 생겼어요. '무조건' 따라야 하는 것에서 따르는 것을 원칙으로 하되 다른 선택을 할 수도 있게 바뀐 것이지요. 혼인 신고를 할 때 어머니의 성을 쓰기로 뜻을 모으면 어머니의 것을 따를 수 있도록 한 것입니다. 재혼 가정의 경우에도 새아버지와 같은 성으로 얼마든지 바꿀 수 있고, 성인의 경우에는 법원의 허가를 얻어서 아예 성을 바꿀 수도 있게 되었어요. 그러니 이야기에 나온 선희와 준희, 재우네 가족도 더는 그런 걱정 없이 웃으며 살 수 있게 된 것입니다. 50년 동안의 눈물겨운 외침은 바로 그런 웃음을 위한 것이었는지 모릅니다.

2

투표 가치는 평등해야 한다

선거구 획정과 '게리맨더링' 이야기

대통령이나 국회의원을 뽑을 때도 투표를 하지만, 여러분도 학교에서 여러 가지 투표를 합니다. 그런데 여러분이 가진 투표권의 가치 때문에 어떤 경우에는 찜찜한 기분이 들 수도 있습니다. 투표를 하긴 했는데, 뭔가 불공평하다는 기분이 들어서 말이지요. 왜 그럴까요? 투표권의 가치라니, 그건 또 무슨 말일까요? 영재네 학교에서는 이런 일이 있었습니다.

영재는 학교에서 독서 동아리 활동을 하고 있습니다. 4학년에서 6학년까지 90명이 활동하는 이 동아리에서 모처럼 여행을 가려고 해요. 어디로 갈지 다수결로 정한다고 하네요. 대체로 4학년과 5학년은 물놀이장을, 6학년은 놀이공원을 원한답니다. 그런데 6학년에게는 1인당 투표권을 2표씩 주고, 다른 학년은 1표를 준다면 어떨까요?

"왜 6학년 형과 누나들만 2표씩 행사해요?"

곧장 이렇게 4, 5학년 아이들의 볼멘소리가 나오겠지요.

"우린 최고 학년이니까 2표야."

"그건 불공평해요. 투표를 하나마나 6학년이 정하는 곳으로 결정될 거예요."

4, 5학년 아이들은 분명 반대하고 나설 것입니다. 1인 1표를 행사하는 평등선거의 원칙에 맞지 않기 때문이지요. 누구나 선거에 참여하는 보통선거와 한 사람이 한 표를 갖는 평등선거는 선거의 아주 중요한 원칙입니다. 그밖에도 자유롭게 직접 투표하고, 공정한 선거를 위해서는 비밀도 꼭 지켜져야 하지요. 그럼 1인 1표로 평등하게 선거에 참여했으면 그것만으로 선거는 공정하게 이루어진 걸까요?

자, 이번에는 세 학년에서 각각 대표 한 명씩을 뽑아 학년대표회의를 열고 어디로 여행을 갈지 정하기로 했습니다. 아이들이 빠짐없이 투표해서 세 명의 대표가 선출되었어요. 보통선거가 잘 이루어졌지요. 그런데 4학년인 지은이가 뾰로통한 얼굴로 이런 말을 하네요.

"4학년은 인원이 60명, 5학년은 20명, 6학년은 10명이야. 우리 4학년은 60명이나 되는데 학년마다 대표가 한 명씩이라면 좀 억울한 생각이 들지 않아?"

"왜? 각 학년에서 한 명씩 뽑았고 투표권도 행사했으면 된 거 아니야?"

5학년인 선재가 대답했습니다. 곰곰 생각하던 지은이가 고개를 갸웃하며 물었어요.

"생각해 봐. 결국 우리 4학년은 한 사람이 60분의 1의 투표를 한 것이고, 5학년은 20분의 1, 6학년은 10분의 1의 투표권을 행사한 거 아냐?"

"어, 그러네……."

"그렇지? 그럼 어느 학년의 투표권이 가장 큰 가치를 갖겠어?"

"당연히 6학년이지."

"바로 그거야. 우리는 똑같이 투표했다고 생각하지만, 각 학년의 인원을 고려하면 우리 4학년은 5학년의 3분의 1, 6학년의 6분의 1에 해당하는 투표 가치만 행사한 셈이란 말이야."

"……맞아, 이럴 땐 어떻게 하지?"

그렇습니다. 지은이의 말은 선거에서 아주 중요한 이야기에요. 이에 관한 법원 판례가 여러 번 나왔을 정도이니까요. 누구나 평등하게 투표권을 행사하는 것도 중요하지만, 그것으로 그쳐선 안 돼요. 인원수에 비례하여 투표권의 가치가 평등한지도 잘 살펴야 하거든요. 그러니 4학년 아이들의 입장에서는 대표를 더 뽑아야 공평한 것입니다. 5, 6학년은 다 더해 봐야 30명밖에 안 되니, 두 학년을 묶어서 대표 한 명만 뽑으라고 해도 문제가 될 거예요. 5학년하고 6학년 차이가 얼마나 큰데, 말도 안 된다고 하겠지요.

국회의원 선거라면 어떨까요? 물론 투표의 가치가 평등하려면 선거구의 인구수에 비례해서 뽑아야 옳겠지요. 그런데 또 한 가지 중요한 것이 있습니다. 선거구를 정할 때는 생활권이나 행정구역이 같은지도 잘 고려해야 해요. 앞에 나온 5, 6학년 아이들처럼 인구수가 적다는 이유만으로 생활권이 전혀 다른 선거구가 하나로 묶이는 모순이 생길 수도 있거든요. 참 복잡하고도 미묘한 문제입니다. 이처럼 인구수에 비례하여 투표 가치가 평등해야 한다는 주장과 생활권이 같은 선거구로 묶어 달라는 주장이 서로 엇갈리면 어떻게 해야 할까요?

선거를 하기 전에 투표 가치가 평등해지도록 선거구를 정하는 것, 즉 '선거구 획정'은 아주 중요한 문제입니다. 선거구를 어떻게 정하느냐에 따라 투표 가치가 달라지니까요. 그래서 인구수와 시민의 생활권 같은 것을 꼼꼼히 살펴서 정하려고 노력하는 것이지요. 국회의원 선거에 후보를 내는 정당들은 저마다 자기 당에 유리하도록 선거구를 획정해서 더 많은 의원이 당선되기를 바라기도 하지요.

심지어 어떤 사람을 당선시키려는 목적으로 선거구를 획정한 사건이 실제로 있었습니다. 시민들의 생활권이나 행정구역은 전혀 무시하고 말이지요. 전 세계를 떠들썩하게 했던 미국의 '게리맨더링' 사건인데, 게리라는 사람이 선거에서 당선되도록 하려다 보니, 선거구의 모양이 마치 공룡처럼 되어 버린 것이었습니다. 물론 재판에서도 잘못이라는 판결이 내려졌지요. 이 판결이 나온 뒤부터 '게리Gerry를 위해 공룡 모양Salamander으로 선거구를 억지로 합쳤다'는 의미로 게리맨더링Gerrymandering이라는 말이 만들어졌습니다. 어떤 정당이나 후보자에게 유리하도록 선거구를 마음대로 조작하는 행위를 일컫는 말이 된 것이지요.

그렇다면 게리맨더링은 그저 다른 나라의 이야기일 뿐일까요? 아닙니다. 우리나라에서도 비슷한 일이 있었고 그에 대한 판결이 있었어요. 1995년에 충청북도 영동과 보은을 하나로 묶어 선거구를 정한 적이 있는데, 이들 지역 주민들의 반발이 아주 컸습니다. 두 지역이 서로 인접해 있지도 않거니와 하나의 생활권도 아니었기 때문이지요.

참다 못한 지역 주민들이 행정기관에 물었습니다.

"이렇게 뚝 떨어진 두 지역이 어떻게 하나의 선거구가 될 수 있습니까? 이런 선거구는 위법 아닌가요?"

"국민의 권리는 투표권만 잘 행사하면 되는 것 아닙니까? 선거구 획정은 행정기관에서 알아서 할 일이니 주민이 관여할 바가 아닙니다."

한 주민이 답답한 듯 열을 올렸어요.

"그래도 선거구 문제는 다릅니다. 우리가 원하는 지역 대표를 뽑아서 우리의 의사를 국회에 전달할 수 있느냐 없느냐가 달린 중요한 문제란 말입니다."

"그건 다 마찬가지입니다. 그렇게 다들 자기 이익만 찾으려 들면 나랏일이 어찌 되겠느냐 이 말입니다."

행정 공무원도 아무 생각 없이 한 말은 아니었습니다. 이제껏 선거구민은 선거구를 정하는 일에 전혀 끼어들 수 없었거든요. 국민의 기본권이 아니라고 해서 소송도 할 수 없었지요. 선거구 획정에서부터 공정해야만 모두가 인정하는 선거가 된다는 생각이 아직 부족했기 때문입니다. 그런데 우리나라에 헌법재판소가 만들어지고 헌법소원 제도가 생기면서 달라지기 시작했습니다. 사람들은 좀 더 자유롭게 헌법재판소에 위헌 여부를 묻기 시작했지요. 그럼 헌법재판소에 올라간 영동과 보은의 선거구 문제는 어떻게 되었을까요?

1995년 헌법재판소는, 충청북도 보은군과 영동군을 하나의 선거구로 만든 것은 원칙 없는 선거구 획정으로 위헌이라고 판결했습니다.(헌법재판소. 1995. 12. 27. 선고 1995헌마224 판결) 두 선거구를 합쳐야 할 특별한 이유가 없고, 보은군과 영동군이 서로 이웃하지 않는데도 하나의 선거구로 묶은 것은 전형적인 게리맨더링이며 법에 위반된다고 결정한 것이지요. 이처럼 우리나라에서도 게리맨더링이 있었고, 헌법재판소는 판결로서 이를 바로잡았습니다.

이 판결이 나온 뒤 헌법재판소는 '선거구를 정할 때는 최대 선거구의 인구수가 최소 선거구 인구의 2배를 넘지 않아야 한다'고 했습니다. 전국 선거구의 평균 인구수를 기준으로 ±50%를 넘지 않아야 한다는 것이었지요. 그런데 2000년 4월로 예정되어 있던 16대 국회의원 선거를 앞둔 상황에서, 안양시 동안구는 +57%의 차이를 보였어요. 이에 헌법재판소는 이 선거구 획정이 국회가 정할 수 있는 범위를 넘어선 것으로 판결했습니다.(헌법재판소 2001. 10. 25. 선고 2000헌마92 판결)

하지만 조금 다른 판결도 있었습니다. 그때 헌법재판소는 한 선거구의 최소 인구수를 9만 명으로 정하기도 했습니다. 그런데 인천 강화도는 인구가 적어서 이 기준을 맞출 수가 없었어요. 결국 가까이에 있는 인천시 서구 검단동과 하나의 선거구로 묶어 인구 9만 명이라는 최소 기준을 맞췄지요. 그러자 강화도 주민들이 반대하고 나섰습니다. 사실 강화도는 섬이고, 두 곳 사이에는 서해바다가 있었거든요.

"인천과 강화는 생활권이 전혀 다른데, 이를 하나로 묶은 것은 게리맨더링 아닙니까?"

주민들은 헌법재판소에 위헌인지 아닌지 물었습니다. 하지만 헌법재판소는 주민들의 손을 들어 주지 않았어요. 이 경우는 지역 상황을 충분히 고려한 것으로, 원칙 없는 선거구 획정이라 볼 수 없기 때문에 헌법에 위배되지 않는다고 판결했지요.

이처럼 공정한 선거를 위한 국민의 역할은 갈수록 중요해지고 있습니다. 우리는 더욱 눈을 크게 뜨고 선거구가 어떻게 짜이는지, 어떤 사람이나 정당에게 유리하도록 짜이는 건 아닌지 가려낼 수 있어야 하지요. 그런 점에서 게리맨더링을 인정한 헌법재판소의 판결은 큰 의미가 있습니다. 국민이 해야 할 그 역할이 정당하다고 손을 들어 주었으니까요.

그런데 영재네 학교의 동아리 여행은 어떻게 될까요? 최대 학년과 최소 학년의 인원 비율이 6:1이라면 당연히 위법한 선거구가 되지 않을까요? 4학년에서는 학년 대표를 더 뽑을 수 있도록 해야 할 텐데, 어떤 방법이 좋을까요?

3

천재가 아니라 인재입니다
우리나라 최초의 '공익 소송' 이야기

한밤중에 갑자기 우르릉 쾅쾅 천둥이 치고 번개가 번쩍이는 날이면, 저도 모르게 가슴이 오그라들어서 쿵쿵 뜁니다. 어떤 날은 너무 놀라서 책상 밑으로 기어 들어가고 싶어지지요. 그러니 어떤 나라에서처럼 화산이 폭발한다거나 지진이라도 난다면 더 말할 것도 없을 거예요.

그런데 세차게 비가 내리던 어느 날 늦은 밤에 검은 물이 쏟아져 들어와서 혼비백산한 사람들이 있었습니다. 어둠을 헤치며 목숨이라도 건지기 위해 사투를 벌였지요. 그들은 어디로 가야 할지도 모르고, 소중한 물건들은 건질 생각도 못한 채 그저 몸만 간신히 빠져 나왔습니다. 처음에는 무슨 영문인지 몰랐지만, 나중에 알고 보니 한강 물을 막고 있던 수문이 무너져 내린 것이었습니다. 비가 많이 와서 그런 것이라면 하늘을 탓해야 할 일일까요? 그게 아니라 수문을 만들 때부터 문제가 있었다면 어떻게 달라질까요? 너무 억울한 나머지 넋을 잃고 하늘만 바라보던 사람들에게 법원은 과연 어떤 판결을 내렸을까요?

1984년 9월 어느 일요일이었습니다. 일기예보에서 얼핏 태풍 소식이 들렸고, 비는 그칠 줄 모르고 세차게 내리고 있었지요. 그렇게 내리던 비가 한밤중에는 거의 물 폭탄처럼 쏟아졌습니다. 그래도 사람들은 서울 한복판에서 설마 무슨 일 있겠냐며 대수롭지 않게 여겼어요.

하지만 칠흑같이 어두운 밤에 갑작스럽게 밀려 들어온 물은 온 동네를 삽시간에 삼켜 버리고 말았습니다. 주택 지하실과 반지하 방에도 많은 사람이 살았는데, 이들은 피할 겨를조차 없이 가장 먼저 물에 잠겨들기 시작했지요. 서울시 마포구 망원동 18000여 가구, 주민 8만여 명이 한꺼번에 피해를 입었습니다. 동사무소에서는 대피 사이렌을 울리지도 못했고, 구조 활동은커녕 뭐 하나 제대로 하는 게 없었어요.

주민들은 영문도 모른 채 지붕 위로 올라가 구조를 기다렸습니다. 몸이라도 빠져 나온 이들은 그나마 다행이었지만, 용케 빠져 나왔다 해도 머물 곳이 없었어요. 물이 휩쓸고 지나간 진흙탕에는 어디 하나 발 디딜 데조차 마땅치 않았습니다. 천신만고 끝에 긴급 대피소가 마련되었지만, 정부의 대책이 제대로 나오지 않아 민심이 흉흉했어요. 경찰 수천 명이 대피소를 에워싸기 시작하면서 분위기는 더욱 살벌해졌지요.

"경찰들은 다 뭐죠? 왜 왔대요?"

"우리가 데모라도 할까 봐 그러는 거지 뭐."

"이거 뭔가 단단히 잘못된 게 분명해요. 한순간에 동네 전체가 물에 잠겼다는 건 한강 물이 넘쳤다고밖에 볼 수 없어요."

"한강이요? 둑이 무너진 건 아니고요?"

"후유, 그걸 우리가 어떻게 알겠어요, 차차 밝혀지겠지."

주민들은 의아하면서도 겁이 났습니다. 나중에 밝혀진 바로는, 한강 둑 바깥에 있는 하천 역류 방지용 수문이 무너진 거였습니다. 평상시에는 유수지에 모인 물이 배수로를 따라 한강으로 흘러가는데, 한강 물이 불어서 수위가 높아졌을 때는 유수지 수문을 닫아 한강물이 역류하는 것을 막아 왔습니다. 그런데 한강 수위가 갑자기 높아지자 수문과 배수관로의 이음 부분이 끊어지고, 수문을 둘러싸고 있던 콘크리트 상자가 무너져 내리는 바람에 저지대 주택가가 물에 잠겨 버린 것이었어요.

사람들은 절규하듯이 말했습니다.

"집이고 뭐고 다 잃었는데 누군가는 책임을 져야 하지 않겠습니까? 전에 이보다 더 많은 비가 왔을 때도 괜찮았는데, 수문이 무너졌다는 건 부실공사 탓이 아닐까요? 소송이라도 해야 하는 거 아니냐 이 말입니다."

"우리가 서울시나 대기업을 상대로 싸운다는 게 어디 말처럼 쉽겠습니까? 우리가 무슨 힘으로 변호사를 선임해서 소송까지 할 수 있겠어요? 설령 한다고 해도 그쪽에서 쉽게 잘못을 인정할 리도 없고 말입니다."

수문 관리는 서울시 담당이었고, 수문 공사는 1979년에 현대건설이 한 것이었습니다. 사람들의 의견은 갈수록 나뉘었고, 돌아오는 서울시의 대답도 늘 시원치 않았어요. 계속해서 비슷한 말만 되풀이할 따름이었지요.

"진정들 하시고 잘 생각해 보세요. 둑과 수문이 없었다면 아마 더 큰 피해를 입었을 것입니다. 어쩌다 한 번 일어나는 천재지변까지 국가나 공공기관이 책임을 져야 한다면 국민의 세금이 어디 남아나겠습니까?"

"국가가 안 나서면 도대체 누가 우릴 도와줍니까. 우리도 시민인데, 그저 주는 대로 받기만 하면 된다 그 말이오?"

주민들은 갈수록 답답해졌습니다. 게다가 망원동 주민 수

천 명이 피해를 입긴 했지만, 몇몇을 뺀 대부분의 피해액은 크다고 할 수 없었어요. 그렇다 보니 소송을 한다는 것도 마음처럼 쉽지 않았습니다. 의견을 모으기 위해 집집마다 돌아다니는 것만 해도 큰 힘이 드는 일이었지요.

"아무리 소액이라지만 이 많은 사람들이 입은 피해가 이대로 묻혀도 좋은 걸까요? 그래선 안 되는 거잖아요."

주민들은 별 수 없이 하늘만 원망해야 하는지 고민이 깊어졌습니다. 구청으로 몰려가서 줄기차게 항의도 해 봤지만, 답답한 건 마찬가지였어요. 더구나 그때는 힘으로 권력을 잡은 정권이 안간힘을 쓰며 민심을 억누르는 상황이었습니다. 민심이 요동치는 것을 막기 위해 수재민이 머무는 임시 거처에 경찰부터 보내는 서슬 퍼런 시절이었지요.

해마다 장마가 지고 태풍이 불어오면 많은 이재민이 생겼습니다. 하지만 대부분 누구에게도 배상을 청구할 생각을 하지 못했어요. 운이 없어서 생긴 개인 문제로 봤지, 국가가 해결해야 할 문제로는 보지 않았다는 뜻이지요. 뿐만 아니라 국가를 상대로 소송을 한다는 것은 사실 겁나는 일이었습니다. 얻을 수 있는 이익보다 들어가는 돈이 더 많을 것이라는 생각 때문에 누구도 나서기 어려웠지요.

그럼에도 불구하고 망원동 수재민들은 법원에 손해배상 소송을 제기하기로 마음먹었습니다. 그때 기꺼이 망원동 주민들의 소송을 맡고 나선 이가 조영래 변호사였어요. 그는 생각을 바꿔야 한다며 이렇게 말했습니다.

"가서 항의하고 시위도 해야겠지만 그건 절대 법으로 인정되는 것이 아닙니다. 그렇기 때문에 같은 상황이 또 일어나도 피해 배상을 받을 수 없는 것입니다. 그러니 정식으로 재판을 청구해서 배상금을 받아 내야만 합니다. 그래야 국민들이 자신의 권리를 정당하게 주장하는 것이 되는 것입니다."

1984년 10월, 조영래 변호사는 국가배상법 제5조에 근거하여 수문을 관리할 책임이 있는 서울시와 수문을 설계하고 공사한 현대건설을 상대로 9천2백만 원을 배상하라는 소송을 제기했습니다. 그러나 처음에 재판을 신청한 사람은 전체 주민 18000여 명 가운데 5가구 21명뿐이었어요.

재판에서 조영래 변호사는 이렇게 주장했습니다.

"망원동 주택 침수의 원인은 세 가지입니다. 서울시가 유수지 시설물 관리를 잘못한 까닭이고, 배수관로 연장과 수문 공사를 부실하게 하였으며, 유수지 시설물을 관리하는 서울시 공무원이 수재 방지를 위한 노력을 게을리 했기 때문입니다."

서울시와 건설사는 곧장 반박하고 나섰어요.

"아닙니다. 우리는 수문 관리에 소홀함이 없었습니다. 하늘

무너져 내린 한강 수문 서울 망원동 수재민 손해배상 청구 소송을 심사 중인 서울민사지법에서 현장을 시찰하고 있다. 수재민들의 변호를 맡은 조영래 변호사도 보인다. ⓒ연합뉴스에 구멍이라도 뚫린 것처럼 비가 쏟아지는데 어떻게 합니까? 둑이 없었다면 아마 더 큰 피해가 났을 것입니다. 수문에 하자가 없었고 큰 비가 내린 것은 천재지변이니, 서울시나 건설사는 망원동 주민에게 피해를 배상할 아무런 이유가 없습니다."

"그렇지 않습니다. 그 정도의 비는 얼마든지 예측 가능한 수준이라고 봐야 합니다. 이번 홍수가 과거에 비해 더 크다고 볼 수 없기 때문입니다. 그러므로 수문이 그 정도를 버틸 수 있도록 설계된 것이 아니라면, 그리고 그런 중요한 공공시설 관리를 소홀히 한 것이라면 서울시와 건설사가 책임져야 할 문제인 것입니다. 분명코 이번 사건은 천재가 아니라 인재인 것입니다."

양측의 공방은 계속되었습니다. 애초에 수문을 설치할 때부터 하자가 있었는지가 가장 큰 논란이 되었지요. 그러나 법정의 분위기는 시간이 갈수록 조영래 변호사의 주장에 무게가 실리고 있었습니다. 서울시는 내내 둘러대거나 대답을 피하기에 바빴고, 몰래 증거를 없애려고 하다가 주민들에게 들키는 일까지 생겼어요.

조영래 변호사는 수문 건설과 관련 있는 책들을 수북하게 쌓아 놓고 완전하게 이해될 때까지 읽고 또 읽었습니다. 그래도 이해가 안 가는 부분은 알 만한 사람들을 찾아가 묻고 또 물었지요. 서울시의 요청으로 법정에 증인으로 나온 한 토목공학자는 조영래 변호사의 날카로운 추궁으로 궁지에 몰리다가 증언을 번복하기도 했습니다. 여러 차례 소송이 진행되는 동안 21명뿐이던 재판 신청자도 12000여 명에 이르렀지요.

그리고 1987년 8월, 마침내 법원의 판결이 나왔습니다. (서울민사지법 1987. 8. 26. 선고 84가합5010 판결) 망원동 주민들은 물론 많은 시민들의 눈과 귀가 한곳으로 쏠렸어요. 몇 년 동안 계속되어 온 법정 공방이 결실을 맺는 순간이었습니다.

법원은 이번 망원동 홍수 때의 물높이는 이전 홍수의 물높이에 못 미치는 것으로서 이 정도는 충분히 예상 가능하다고 판단했습니다. 하천이 자연스럽게 범람하여 발생한 사고가 아니라 설계부터 시공, 관리에 이르기까지 모든 과정이 부실했기 때문이라는 것이었어요. 망원동 수재민 12000여 명에게 53억 2000여만 원을 배상하라고 서울시에 내린 서울지방법원의 판결은 대법원에 이르러서도 변함없이 확정되었습니다. 법이 수재민들의 편에 서서 그 손을 들어 준 것이었지요. 이는 조영래 변호사가 법정에서 요목조목 지적하며 증명한 내용들이기도 했습니다. 서울시와 대기업을 상대로 한, 계란으로 바위를 치는 것과 다름없다는 싸움에서 마침내 승리한 것이지요.

이번 소송은 우리나라 최초의 '공익 소송'이라고 이야기합

니다. 공익이란 사회 구성원 전체의 이익을 말하므로, 공익 소송은 재판의 결과가 소송 당사자는 물론 처지가 같은 여러 사람의 권리를 회복시켜 주게 되는 것입니다. 조영래 변호사는 외국 교과서에나 볼 수 있었던 공익 소송을 망원동 수재 사건에 처음으로 적용했습니다. 피해 금액은 적을지 몰라도, 여러 사람이 당한 피해를 보상 받기 위한 집단 소송의 물꼬를 튼 것이지요. 또한 이는 시민의 목소리에 귀 기울이지 않던 권위주의 사회에 대한 저항이기도 했습니다.

조영래 변호사는 훗날 이렇게 되뇌었습니다.

"사실은…… 몹시 힘든 사건이었습니다. 무엇보다 수문 건설이라든지 토목공학 같은 분야에 대해 아는 것이 별로 없었습니다. 그런데다가 필요한 자료들은 상대편에서 훨씬 많이 갖고 있었습니다. 그래서인지 재판 날짜가 다가오면 나도 모르게 시험 날짜를 기다리는 학생 같은 마음이 되어 버리곤 했습니다. 그렇지만 포기할 수는 없었습니다. 시민이 자신의 권리를 포기하면, 언제든 같은 사고가 되풀이될 가능성이 크기 때문입니다."

4

누가 바다를 더럽혔을까?
'입증 책임'은 누가 져야 할까?

　2011년 3월, 일본 후쿠시마에서는 전 세계 사람들의 눈이 휘둥그레지는 사건이 있었습니다. 엄청난 규모의 지진이 일어나고, 이어서 원자력 발전소가 지진 해일의 피해를 입었지요. 그때 유출된 방사능이 우리나라까지 오염시키는 건 아닌지 걱정이 이만저만이 아니었습니다. 한동안 사람들은 일본에서 온 바다 생선이나 해조류는 전혀 먹지 않았어요. 그 뒤 몇 년이 지났는데도 불구하고 지진 해일의 잔해가 태평양을 건너 알래스카에서도 발견되고 있다니, 지구 위 어느 바다도 안전할 것 같지 않습니다.

우리나라에서도 바다 오염으로 인한 문제가 여러 번 있었습니다. 산업이 발달하면서 경제 규모는 커졌지만, 환경에 대한 인식이나 규제는 부족했기 때문에 별 생각 없이 공장 폐수를 바다에 흘려보내곤 했던 것이지요. 당연하게도 피해는 아주 심각했습니다. 바다를 터전으로 먹고살아온 사람들이 가장 먼저 피해를 입었어요. 그때 김 양식을 하던 바닷가 사람들이 어떤 일을 겪었는지 이야기해 보겠습니다.

방학을 맞아 진해만 부근 고향집에 온 여고생 남이는 깜짝 놀랐습니다. 아버지의 오랜 벗이자 함께 김 양식을 해 온 이웃 김씨 아저씨의 안타까운 소식 때문이었어요.

"네? 김씨 아저씨가 돌아가셨다고요?"

"스스로 목숨을 끊었다는구나."

아버지는 깊은 한숨을 내쉬었습니다.

"왜요? 어쩌다가요?"

남이는 너무 놀라서 가슴이 방망이질 쳤어요.

"양식장이 엉망이 되고 나서 빚 감당이 안 되니 그만……"

"이걸 어떡해요? 그럼 우리 양식장은요? 우리도 마찬가지 아니에요?"

"그래. 우리 양식장도 지금 김이 다 썩고 엉망이란다. 그동

1980년대, 김 양식장에서 어부가 김을 채취하고 있는 모습. ⓒ연합뉴스

안 들어간 돈도 다 빚인데, 나도 그걸 감당할 길이 없어. 지난 몇 달 동안 네 학비도 보내 주지 못해 미안하구나."

"아버지, 그래도 힘내세요. 나쁜 생각 하시면 절대 안 돼요."

"고맙다. 어린 네가 날 위로하는구나."

아버지는 대견한 눈길로 남이를 보았어요. 그때 남이가 문득 물었어요.

"아버지, 양식장이 저렇게 된 것도 다 원인이 있지 않겠어요? 한두 집도 아니고, 어디 짐작 가는 데라도 있어요?"

"안 그래도 사람들하고 그 얘기를 하는 중이야. 내가 봐도 저기 방조제 위쪽에 공장들이 생기면서 시작된 거다. 그거 말고는 김이 썩어 나갈 이유가 없어."

"그럼 그 공장이 원인이겠네요."

"벌써 어민들이 단체로 찾아가서 항의도 하고 그랬지. 그런데 딱 잡아떼는 거야. 짐작은 가지만 물증이 없으니 이거 원……."

"그래도 가만있을 수는 없잖아요. 어떻게든 증거를 찾아서 나쁜 사람들을 혼내 주셔야죠. 손해도 배상 받으시고요."

남이 아버지 정씨는 주먹을 불끈 쥐고 뭔가를 결심하는 듯 이렇게 말했어요.

"그럴 수만 있다면 무슨 노력이든 해야겠지."

때는 1974년, 남해 바닷가 작은 시골마을이던 남이네 집 근처에 공업단지가 생긴 것은 그 일이 있기 몇 년 전이었습니다. 공업단지에 공장들이 여럿 들어섰고, 그 가운데 진해화학에서는 비료를 만들기 위해 하루 8500톤의 물을 사용했어요. 그런데 거기에서 나온 약 2000~3000톤의 폐수가 진해 앞바다로 흘러들어갔습니다. 폐수에는 유황, 염화칼슘 등 여러 가지 화학물질이 섞여 있었지요. 이 사실을 알지 못한 남이 아버지와 마을 사람들은 진해 앞바다에 양식 시설을 설치하고 김 양식을 시작했어요. 하지만 어느 날부터 '김갯병'이 생기는 바람에 큰 피해를 입었던 것입니다.

남이 아버지는 피해를 입은 120여 명의 어민들과 함께 뜻을 모아 손해배상청구소송을 제기했어요. 법이라고는 모르고 살아온 어부였으니, 그로서는 쉽지 않은 싸움의 시작이었지요. 남이 아버지는 직접 보고 겪은 대로 법정에서 증언했습니다.

"그 비료회사에서 폐수를 바다에 버리기 시작했고, 그 폐수의 일부가 양식장에도 나쁜 영향을 준 것입니다. 이건 분명한 사실입니다. 그 뒤부터 양식장에 병이 돌기 시작했고 결국 큰 손해를 보았습니다. 그 때문에 사람까지 죽었단 말입니다."

그러나 회사 측에서는 발뺌부터 하고 나왔어요.

"우리 회사에서 내보낸 폐수가 정씨의 김 양식장에 피해를 입혔는지는 확실하지 않습니다. 우리는 그만한 양의 폐수를 흘려보내지 않았습니다."

회사는 자신만만해 보였습니다. 그 증거를 어떻게 댈 거냐는 투였지요. 회사 측에서 믿고 있는 것은 다름 아닌 '입증 책임'이었어요. 상대방으로부터 피해를 입었을 경우에는 손해배상을 청구하는 사람이 그 사실을 입증해야 한다는 것이 법이 정한 원칙이었습니다. 일부러 그랬든 실수였든 그건 상관이 없었지요. 그러니 이번 사건에서도 모든 입증 책임은 남이 아버지가 져야 했습니다. 비료회사가 오염된 폐수를 흘려보낸 사실과 자신이 입은 손해 사이의 인과 관계를 스스로 증명해야 했어요.

남이 아버지는 고민에 빠졌습니다.

"폐수를 방류했다는 게 확실하긴 한데…… 그게 우리 양식장을 어떻게 오염시켰는지 내가 어떻게 증명하느냔 말이야."

남이 아버지는 의문이 들었습니다. 이번 사건에도 그 원칙을 적용해야 하는지 도무지 납득이 되지 않았어요. 아무리 생각해 봐도 과학적인 이론은 물론 장비조차 하나 없는 사람이 할 수 있는 일이 아니었거든요. 그런 식으로 입증 책임을 무조건 원고(재판을 신청한 사람)가 져야 한다면 재판에서 질 것은 불을 보듯 뻔했던 것입니다. 더군다나 큰 기업을 상대로 하는 싸움에서 말이지요.

그는 법원에 적극적으로 항변했습니다.

"기업이 배출한 폐수가 바닷물을 오염시켜 양식장에 피해가 발생한 경우에는 그 경로가 복잡합니다. 어떤 오염 물질이 얼마나 흘러들어가야 그런 피해가 발생하는지에 대하여 한 개인이 과학적으로 밝힌다는 것은 어려운 일입니다. 그렇기 때문에 가해 행위와 손해 발생 사이의 모든 인과 관계를 과학적으로 증명하라고 피해자에게 요구한다면, 사실상 손해배상을 거부하는 것이나 마찬가지입니다."

남이 아버지는 미리 준비하고 연습한 대로 또박또박 말했습니다. 법정에 온 모든 사람이 남이 아버지의 말을 귀담아 듣고 있었습니다. 사실 남이 아버지의 말은 하나도 틀린 것이 없었습니다. 분명히 회사 측은 조사에 필요한 돈이나 기술이 남이 아버지보다는 훨씬 나은 처지에 있었습니다. 그러므로 회사에서 먼저 결백하다는 것을 입증하면 문제는 간단히 해결되는 거였어요. 만약 입증하지 못하면, 그때 손해배상 책임을 지는 것이 오히려 형평에도 맞는 것이었습니다.

다행히 1심 법원은 남이 아버지 측이 손해를 입었다고 판결했습니다. 그러나 회사 측이 항소한 2심에서는 결과가 뒤집히고 말았어요. 남이 아버지를 비롯한 어민들은 대법원에서도 바라던 판결을 받아 내지 못했습니다. 대법원은 폐수 방류와 김 양

식장 피해 사이의 인과 관계를 더 명확하게 조사하라며 항소심으로 소송을 돌려보냈고,(대법원 1979. 1. 23. 선고 78다1653 판결) 다시 열린 항소심에서도 법원은 어민들에게 패소 판결을 내리고 말았지요. 이에 어민들이 다시 한 번 대법원에 상고하면서 소송은 길고 지루한 공방으로 이어져 왔던 것입니다.

어느덧 10년의 세월이 흐른 1984년 6월 12일, 이윽고 법관의 입이 열리면서 남이 아버지가 귀를 의심할 만한 말이 흘러나왔습니다. 정말이지 오랜만에 남이 아버지의 입가에 미소가 번졌어요.

그날 대법원은 공장 폐수와 양식장 피해 사이의 인과 관계가 일단은 증명된 것으로 봐야 한다고 판결하면서, 회사 측의 손을 들어 준 원심을 또다시 파기 환송했습니다. (대법원 1984. 6. 12. 선고 81다558 판결) 이어서 회사 측에게 이렇게 말했지요. 공장 폐수 중에는 김이 자라는 데 나쁜 영향을 끼칠 수 있는 물질이 들어 있지 않으며, 설령 그런 물질이 들어 있다 하더라도 김 양식에 영향을 줄 정도는 아니라는 것을 먼저 증명하라고 말입니다. 만약 이를 증명하지 못한다면 그 피해에 대한 손해배상 책임을 져야 한다고 말이지요.

우리가 이번 판결을 반드시 기억해야 하는 까닭은, 무엇보다 지금까지의 소송 원칙을 뒤바꾼 것이기 때문입니다. 앞에서도 말했지만, 민사소송에서의 입증 책임은 원고가 지는 것이 원칙이었습니다. 하지만 이번 사건이나 지금도 끊임없이 일어나고 있는 의료 사고처럼 어떤 원인을 밝히기 위해 어렵고 복잡한 지식이 필요한 소송에서는 원고가 이를 입증하기 어려울 때가 많습니다. 그래서 재판부는 이런 점을 배려해서 '추정의 원칙'을 적용한 것이었습니다. 다시 말해, 몇 가지 사실만 분명하다면 인과 관계가 있다고 우선 추정하겠다는 것이지요. 그러니 남이 아버지 같은 사람들의 입장에서는 눈이 번쩍 뜨일 만한 판결인 셈입니다. 큰 손해를 입었음에도 불구하고 소송에서 다투기 어려웠던 사람들에게 희망을 준 판결이라고 볼 수 있지요. 약자의 편에 서서 기존의 법을 다르게 해석했으니, 정의로우면서도 공정한 판결이라고도 할 수 있을 것입니다.

5

누가 뭐래도 고문은 안 되죠!
공권력은 누구를 위한 것일까?

　요즘 우리는 폭력에 관한 이야기를 자주 듣게 됩니다. 학교에서는 학교 폭력에 관한 교육이 많아졌고, 군대에서의 끔찍한 폭력 사건이 심심찮게 뉴스를 타고 있기도 하지요. 심지어 어른들의 직장에서 일어나는 폭력이 큰 사회 문제가 되기도 합니다.
　특히 여러분 주변에서의 폭력은 주변 사람들을 더욱 안타깝게 합니다. 친구들 사이에서의 사소한 따돌림 한 번이 자칫 커다란 불상사로 이어질 수도 있기 때문이지요. '꽃으로도 때리지 말라'는 말도 있는 것처럼 인권의 눈으로 보면 폭력은 아무리 사소해도 위법한 것입니다.

그런데 우리 사회에서는 폭력이 일어나지 않도록 앞장 서야 할 공권력, 특히 경찰에 의해 무시무시한 폭력이 행해지던 때가 있었습니다. 그때 온 나라가 가슴 아파했던 한 청년의 죽음과 그에 대한 판결 이야기를 시작해 보려고 해요. 몹시도 춥던 1987년 1월 어느 날이었습니다.

"아, 춥다. 얼른 집에 가야겠어."
"그래, 하숙집에 가서 쉬어. 박 선배한테 수배령이 내려졌다니까 우리도 몸을 사리는 게 좋겠어."
"그래. 너도 조심해."

함께 공부하며 세상 이야기를 나누던 박종운 선배가 사라진 뒤, 종철은 어수선한 마음에 하숙집으로 향했습니다. 뒤척이며 잠을 청하던 한밤중, 불현듯 방문을 두드리는 소리가 들렸습니다. 종철이 문을 열자 그들은 다짜고짜 종철의 입을 막고 팔을 뒤로 꺾더니 막무가내로 끌고 나갔습니다. 정신을 차릴 새도 없이 쥐도 새도 모르게 벌어진 일이었지요.

그들이 종철을 데려간 곳은 남영동 치안본부 대공 수사실이었습니다. 종철은 거기가 어디인지 알 수 없었어요.

"박종운이 어디 있는지 알지?"

취조실 안에 있던 경찰관은 모두 3명이었습니다. 그들은 종철의 예상대로 도망친 박 선배를 붙잡기 위해 혈안이 되어 있었습니다.

"모릅니다."

"이놈이······."

그들의 말이 거칠어졌습니다. 종철의 가슴도 철렁했지요. 짐작이 가는 어딘가를 둘러댈 수도 있었지만, 종철은 그러고 싶지 않았습니다. 몸을 피해 있는 선배와 다른 친구들까지 곤욕을 치르게 할 수는 없었어요.

'차라리 내가 겪는 게 나아······.'

종철은 눈을 질끈 감고 입을 앙다물었습니다. 언제인가 자신에게 했던 약속 하나가 생각났습니다. 만약 내게 이런 일이 닥친다면, 무슨 일이 있어도 입을 열지 않겠다는 다짐이었지요.

그들은 종철을 묶고 몽둥이로 마구 때렸습니다. 그래도 입을 열지 않자, 마침내 종철이 생각지도 못한 고문을 시작했습니다. 욕조에 담긴 물속으로 종철의 머리를 들이민 것이었어요. 종철은 양쪽 손이 뒤로 묶여 있었고, 무릎 꿇린 발목마저 묶인 상태여서 몸부림조차 칠 수 없었습니다.

'아아, 조금만 참으면 돼. 조금만······.'

코로 물이 들어오고 목이 짓눌리는 순간, 종철은 머릿속이 아득하게 흐려 왔지만 끝내 자신의 뜻을 굽히지 않았습니다. 그리고 얼마 뒤, 욕조에 눌려 있던 종철의 몸이 그만 축 늘어지고 말았어요.

"어어, 얘 왜 이래?"

경찰들이 종철의 얼굴을 이리저리 치면서 마구 흔들었습니다. 온몸이 멍투성이가 된 종철은 그렇게 물고문을 받다가 차가운 바닥에 누워 숨을 거두고 말았지요.

1980년대, 민주주의가 땅에 떨어지고 공권력이 국민을 함부로 짓밟던 시절의 이야기입니다. 그 당시 민주화 운동에 앞장서 온 김근태라는 분은 자신이 고문 받았다는 사실을 법정에서 자세히 증언했지만, 재판부는 전혀 귀를 기울이지 않았습니다. 부천 경찰서에서는 차마 입에 담기 어려운 성고문 사건까지 일어났습니다. 국민을 위해 써야 할 공권력이 거꾸로 국민을 탄압하고 있다며 온 나라가 떠들썩해졌지요. 그런데도 이근안, 문귀동 등 고문 기술자라고 불리던 경찰관들은 권력의 보호 아래 수사조차 제대로 받지 않았습니다. 이런 상황에서 서울대학교에 다니던 박종철 군이 물고문을 받다가 사망하는 사건이 벌어진 것이었어요.

사건 경위를 밝히는 자리에서 한 경찰 간부가 이렇게 말했습니다.

"탁자를 '탁' 치니 '억' 하고 죽었습니다."

플래카드를 들고 시위하는 시민과 학생들 　서울대학교 학생들이 명동성당에서 박종철 고문치사 사건 추도회를 연 뒤 을지로 입구로 나와 시위하고 있다. ⓒ연합뉴스

그 말을 듣고 모두들 어안이 벙벙해졌습니다. 탁자를 '탁' 하고 치니 '억' 하고 죽었다니, 그게 도대체 무슨 말인지 이해가 가지 않았지요. 말도 안 되는 경찰의 발표에 시민들은 몸서리치며 분노하기 시작했습니다.

"공권력이 법의 정신을 위배하다니요! 어떻게 민주주의 국가에서 이런 일이 벌어진단 말입니까?"

그 뒤 시민들의 시위가 들불처럼 일어났습니다. 박종철 군 사망 사건의 진실을 밝히고 정권의 퇴진을 요구하고 나선 것이지요. 그에 더해서 시민들은 독재 권력을 유지하기 위해 꿰어 맞춘 헌법을 개정하라고 요구했습니다. 적어도 한 나라의 대통령만큼은 국민의 손으로 직접 뽑아야 한다고 말이지요. 그럼에도 불구하고 전두환 정권은 잘못된 헌법을 그대로 지키려고만 했습니다. 경찰도 박종철 군 고문 사건을 축소하거나 조작해서 진실을 가리려고만 하였어요.

바로 그때, 연세대학교에 다니던 이한열 군이 경찰이 쏜 최루탄에 맞아 쓰러지는 사건이 벌어졌습니다. 박종철 군과 이한열 군의 연이은 죽음으로 1987년의 우리나라는 커다란 슬픔에 빠지고 말았어요. 그러나 그 슬픔은 오직 슬픔으로만 끝나지 않았습니다. 곧이어 독재 권력에 대한 비판과 민주화에 대한 열망으로 뜨거워지더니, 마침내 1987년 6월 민주화 운동으로 절정에 이르렀습니다. 전국에서 수백만 명이 하나로 뭉쳐서 참된 민주주주의 국가를 만들어야 한다고 일어선 것입니다.

시민의 기세에 눌린 전두환 정권은 일단 손을 들고 '6.29선언'을 발표하게 했습니다. 대통령 직선제로 헌법을 고치는 등 시민들의 요구를 받아들이겠다고 약속한 것이지요. 시민들은 크게 환호했고 거리마다 사람들이 물결쳤습니다. 무엇보다 기뻤던 것은, 이제 국민이 직접 투표를 해서 대통령을 뽑을 수 있게 되었다는 사실이었습니다. 그래서 사람들은 '6월 항쟁' 이후 우리나라에 진정한 민주주의 시대가 열렸다고 말하는 것이지요.

이러한 민주화의 열기 속에서도 고문 경관에 대한 수사는 계속되었습니다. 종철이 죽은 원인이 쇼크 때문이라고 우기던 경찰은, 박종철을 부검한 의사가 일기장을 공개하자 더는 진실을 숨길 수 없게 되었지요. 고문 경관이 총 5명이었다는 것도 이윽고 드러났습니다. 이런 우여곡절 끝에 검찰에 의해 기소가 이루어져 형사소송이 진행되었어요.

하지만 재판에서도 경관들은 이렇게 주장했습니다.

"수사 관행상 고문은 어쩔 수 없는 일이었습니다. 오래 전부터 그렇게 해 왔단 말입니다."

"우리는 위에서 내린 명령에 따랐을 뿐이니 죄가 없습니다. 우리 대공 수사관들은 상관의 명령에 절대 복종해야 하는 것

고 이한열 군의 장례 행렬 1987년 7월 9일, 서울 시청앞 광장에 이한열 군의 장의 차량이 도착하자 차도를 가득 메운 시민들이 애도의 뜻을 표하며 눈시울을 적시고 있다. ⓒ연합뉴스

이 불문율입니다. 하라는 대로 할 수밖에 없었습니다."

이렇게 그들은 끝까지 자신들의 무죄를 주장했습니다.

박종철 군 사망 사건에 대한 법정 공방은 그 뒤 대법원까지 이어졌고, 1988년이 되어서야 마지막 결론이 나왔습니다. 법원은 과연 어떤 판결을 내렸을까요?

그해 2월 23일, 대법원은 '박종철을 고문하여 죽게 한 행위는 명백한 위법으로서 정당한 행위가 될 수 없다'고 확정 판결했습니다. (대법원 1988. 2. 23. 선고 87도2358 판결) 우리 헌법에도 국민의 기본권인 신체의 자유를 침해하는 고문 행위가 금지되어 있고, 손과 발이 묶인 피해자의 얼굴을 욕조에 찍어 누른 행위만으로도 사람을 질식시킬 수 있다는 것이 재판부의 판단이었어요. 뿐만 아니라 공무원이 나랏일을 할 때도 법에 어긋난 행동을 하도록 명령할 권리는 없다고 못 박았습니다. 그게 아무리 상관의 명령이라 하더라도 그 명령이 불법일 때는 정당한 것이 아니며, 따라야 할 의무도 없다는 것이 법원이 내린 결론이었지요.

시민들은 그나마 다행이라며 법원의 판단을 환영했습니다. 이로써 이번 판결은 어떤 명분으로도 고문이 인정될 수 없다는 것을 알린 판례로 남게 되었지요. 잘못된 공권력에 의해 함부로 저질러지던 고문을 불법으로 규정하고, 법을 어긴 사람들을 처벌함으로써 우리 사회에서 더는 고문으로 인한 피해가 없어야 한다는 의지의 표현이었던 것입니다.

그러는 동안 시민의 권리도 조금씩이나마 제자리를 찾게 되었습니다. 경찰이 길 가는 사람의 소지품을 검사하는 '불심 검문'은 정당하지 않은 경우 이제 누구라도 거부할 권리가 인정되었습니다. 그리고 어떤 사건으로 피의자나 참고인을 데려가야 할 경우에는 변호인의 도움을 받도록 했습니다. 이미 체포된 사람에게도 묵비권을 행사할 수 있다는 등 '미란다 원칙'이 지켜지도록 목소리가 높아졌지요. 하다못해 경찰서 유치장에 있는 화장실에도 칸막이가 생기기 시작했답니다. 문은커녕 칸막이조차 없는 화장실이라니, 상상이 가나요? 아무리 사건 피의자라고 하더라도 '인권'이 중요하다는 인식이 조금씩이나마 싹트기 시작한 것입니다.

6

솜방망이로
역사를 바로 잡을 수 있을까?

친일파 후손들의 땅 찾기 소송 이야기

만화로 처음 나왔다가 텔레비전 드라마로도 방영된 〈각시탈〉을 본 적 있나요? 일제 강점기 때 한 청년이 탈을 쓰고 종횡무진 활약하는 내용이지요. 독립 운동가를 도우면서 일본 경찰과 그 앞잡이들을 혼내 주는데, 조선 황실 사람으로 일본에 빌붙어 풍족하게 살던 한 친일파 조선인이 각시탈에게 호되게 당하는 장면들은 정말이지 통쾌하고 짜릿했습니다.

실제로 그 시절에는 친일파 조선인이 많았습니다. 그들은 일본을 도운 대가로 귀족 작위를 얻고, 막대한 양의 돈이나 토지를 받기도 했어요. 그런데 말입니다. 수십 년이 지난 어느 날

갑자기 그 친일파의 자손이 나타나서 우리 조상의 땅이니 돌려달라고 하면 어떻게 될까요? 분명히 그 땅은 자신의 할아버지가 일본으로부터 받은 것이었다며 당당하게 증거를 내밀면서 소송을 걸면 어떻게 해야 좋을까요? 개인의 재산권은 헌법이 보장하는 기본권이니 어쩔 수 없이 돌려줘야만 하는 걸까요? 그게 아니라, 그 땅이 조선 민중을 곤궁에 빠뜨리고 일본에 아양 떨며 친일에 앞장선 대가로 얻은 것이 분명하다면 재산권을 제한해야 마땅하지 않을까요?

그러나 법정에서의 판결은 한결같이 못했습니다. 아주 최근까지도 친일파 자손의 땅 찾기 소송이 계속되고 있고, 친일파의 후손이 땅을 되찾아간 경우가 절반에 이를 정도로 많았지요. 우리나라에 정부가 수립되고 '반민족행위처벌법'이 만들어지긴 했지만, 일본의 앞잡이 노릇을 한 사람들을 제대로 처벌하지 못한 채 1949년에 폐지되는 바람에 마땅히 적용할 법도 없었습니다. 그래서인지 우리 사회에는 '친일파 자손은 떵떵거리고 살고, 독립군 자손은 가난하게 산다'는 말이 생겨나기도 했어요.

심지어 누구나 아는 친일파인 이완용의 자손도 국가를 상대로 소송을 제기한 적이 있었습니다. 그 판결에서 법원은 '이 사건의 토지는 이완용 후손의 것이 맞다'고 판결했습니다. 아무

1907년, 일본의 황태자 요시모토가 방문했을 때 경복궁 경회루 앞에서 찍은 기념사진이다. 앞줄 가운데 키 작은 소년이 대한제국의 마지막 황태자인 영친왕 이은이다. 그 왼쪽에 요시모토가 있고, 앞줄 맨 오른쪽에 이토 히로부미가 서 있다. 뒷줄에는 이완용, 송병준, 조중응 등 여러 친일파들의 얼굴이 보인다. ⓒ연합뉴스

리 반민족 행위자나 그의 후손이라고 해도 법률에 의하지 않고는 재산권을 박탈할 수 없다는 것이 그 이유였지요.

이에 시민들은 어처구니없는 판결이라며 비판하고 나섰습니다. 하지만 판결을 되돌릴 수는 없었어요. 다만, 더는 같은 판결이 나와선 안 된다고 주장하고 나선 사람들에게 시민들은 큰 지지와 박수를 보냈습니다. 한 사람은 법관으로서 자신이 맡은 소송을 사명감을 가지고 살폈습니다. 다른 한 사람은 시민 소송으로서 친일파의 자손들과 끝까지 법정 다툼을 벌였지요. 우리 법원이 친일파 자손의 재산 찾기 소송에 어떤 판결을 내렸는지, 그로 인해 어떤 변화가 있었는지 두 가지 판결을 통해 알아보기로 해요.

경기도 수락산에 있는 내원암의 주지인 혜문 스님은 어느 날 날벼락 같은 서류 한 통을 받았습니다. 그것은 절터를 포함한 48000여 평이 자신의 소유라면서 땅을 돌려달라는 내용의 소장이었어요. 내원암은 신라시대에 창건되어 조선시대 왕실의 사랑을 받았던 천 년 암자였기에, 스님은 어떻게 이런 주장이 가능한지 어안이 벙벙할 따름이었지요.

얼마 뒤 스님은 소송을 제기한 사람이 이해창이라는 인물의 자손이라는 것을 알게 되었습니다. 그는 내원암 땅이 할아버지의 소유였으니, 이제는 상속인인 자신이 되가져가야 한다고 주장했어요. 혜문 스님은 이해창이라는 사람이 어떻게 그 땅을 가지게 되었는지 정확히 알 수는 없었기 때문에 이해창이 누구이며 어떤 삶을 살았는지 추적하면서 그 단서를 먼저 찾아야만 했습니다.

예상대로 그대로 들어맞았습니다. 이해창은 친일파였고, 내원암 땅은 먼 과거에 친일의 대가로 가지게 된 것이었습니다. 사실, 조선시대의 모든 땅에 문서가 있는 것은 아니었습니다. 모든 땅은 왕의 것이라는 '왕토 사상'이 오랜 세월 뿌리 내려온 까닭이었지요. 보통 사람들이 집이나 땅을 사고 팔 때는 문서가 있었지만, 대부분은 그저 왕의 소유로 여겨졌습니다. 그런 까닭에 왕실의 오랜 신뢰와 사랑을 받아 온 내원암도 딱히 문서로 입증해 둘 필요가 없었어요. 그러다가 나라가 망하고 일제에 의한 토지 조사령이 시행되면서 내원암 터는 문서상 주인 없는 땅이 된 것입니다. 그때 일본을 등에 업은 이해창은 그 땅을 자기 것으로 해 둘 만큼 충분한 권력을 쥐고 있었던 것이지요.

그러나 내원암에서 이런 내막을 알 리 없었습니다. 아주 오래 전, 친일파이던 이해창이 조선 총독부 토지대장에 땅 주인으로 이름을 올린 사실을 어떻게 알았겠어요. 단지 내원암은 오랫동안 거기서 살아왔다는 것만으로 법원으로부터 소유권을 인정받은 것입니다. '점유취득시효'라는 절차를 통해서였지요. 그러므로 소송의 결과는 누구도 예측하기 힘들었습니다. 이해창이 소유했던 땅이 명백하고, 암자의 소유권이 무효라고 법이 판단한다면 내원암은 소송에서 지는 것이었어요.

  그와 비슷한 시기에 경기도 오산에 살던 한 남자도 비슷한 서류를 받았습니다. 남자는 자기 눈을 의심했어요. 그 서류는, '땅의 등기가 잘못되어 있고, 현재 그 땅에서 불법으로 농사를 짓고 있으니 나가라'는 내용으로 법원에서 보낸 소장이었습니다.

  남자는 뒤통수라도 얻어맞은 듯 정신이 번쩍 들었습니다. 그 땅은 돌아가신 아버지가 50여 년 동안이나 농사를 짓던 땅이었고, 부동산 등기도 분명히 그의 앞으로 되어 있었거든요. 서둘러 알아보니 누가, 왜 소송을 냈는지 이유가 드러났습니다. 그는 일제 강점기 때 자신의 조상이 땅 주인이었다는 것을 근거로 비슷한 내용의 소송을 여러 건 제기해 놓고 있었어요. 게다가 그 중 한 건은 이미 승소 판결을 받은 상태였습니다.

  그 사람은 법정에 나와 당당하게 말했습니다.

  "그 땅은 분명히 내 할아버지의 것이었으므로, 지금은 당연히 그 자손의 소유가 되어야 하는 것입니다. 여기 명백한 증거가 있습니다."

그런데 이상한 점이 있었습니다. 그 땅이 과거에 누구의 소유였는지 입증하는 서류는 있었지만, 이근호라고 되어 있는 자신의 할아버지가 어떤 일을 했는지는 밝히지 않았거든요. 처음에는 판사조차도 재판을 청구한 사람의 할아버지가 어떤 인물이었고, 어떻게 그 땅을 갖게 되었는지 알기 어려웠습니다.

그때 소송의 1심을 맡은 수원지방법원 이종광 판사는 곰곰 생각해 보았습니다.

'도대체…… 왜 갑자기 이런 소송을 하게 된 걸까? 그것도 한 사람이 이 많은 땅을?'

판사는 밤낮없이 자료를 찾아 헤매기 시작했습니다. 이근호가 어떤 사람인지 밝히는 것이 무엇보다 먼저였어요. 그래야 이번 판결에 중요한 단서가 마련되면서 모든 궁금증이 한꺼번에 풀릴 것 같았습니다. 결과는 짐작대로였습니다. 이근호는 일제의 강제 병합을 도운 대가로 일본으로부터 남작 작위를 받은 사람이었습니다. 뿐만 아니라 막대한 금액의 은사금도 하사 받았지요. 그 돈으로 많은 양의 땅을 사들였고, 일제의 토지 조사령으로 그 소유권을 확고히 한 것이었어요. 이종광 판사는 자신이 맡은 소송이 친일파 후손의 재산 환수 소송이라는 것을 알고는 고민에 빠졌습니다.

'친일파 후손의 땅 소유권을 인정하는 것이 옳을까? 아니

면 부정하는 것이 옳은 판단일까? 만약 부정한다면 어떤 근거로 해야 할까?'

　법적인 근거가 명확하지 않았고 그동안의 판례도 오락가락하였기에, 고민은 갈수록 깊어졌습니다. 그러나 이종광 판사는 용기를 내서 아주 긴 판결문을 써내려가기 시작했습니다. 우리 헌법에는 3·1운동의 독립 정신과 대한민국 임시정부의 법통이 담겨 있으므로, 이에 근거하여 친일파의 재산권은 제한되어야 마땅하다는 것이 그가 내린 판결의 핵심이었습니다. 이를 적용시킬 법이 아직 우리에게 없는 것은 국회가 해야 할 일을 소홀히 한 것이라는 비판도 빼놓지 않았지요.

　이종광 판사는 지금이라도 새 법을 만들어 과거의 일에 대해서도 그 법을 적용해야 한다고 판결했습니다.(수원지방법원 2005. 11. 15. 선고 2004가단14143 판결) '소급입법'은 금지되어야 하지만, 이번 친일파의 재산 문제만큼은 예외를 인정해야 한다는 것이었어요. 친일파 때문에 수백만 명에 이르는 조선 민중의 자유와 인권이 억압되었고, 그로 인한 고통이 너무 크기 때문이라고 했습니다. 뿐만 아니라 초대 국회에서도 '반민족행위처벌법'을 제정해 시행한 적이 있고, 친일파와 그 후손들의 재산권을 보호할 가치보다는 국가와 민족에게 돌아가야 할 이익이 훨씬 중요하다고 보았던 것이지요. 그는 법이 만들어질 때까지 이 사건의 재판을 정지시킴으로써 결국 친일파 후손의 손을 들어 주지 않았습니다.

이 판결에 친일파의 후손들은 당황할 수밖에 없었습니다. 우리 사회에도 커다란 파장을 불러일으켜서, 곧장 친일파 후손들의 욕심이 지나치다는 여론이 들끓기 시작했지요. 시민들은 이종광 판사가 헌법과 양심에 따라 판결을 내렸고, 헌법을 살아있는 규범으로 만들었다며 크게 환영했습니다. 그에 따라 국회에서는 50여 년 만에 과거 청산 법을 제정하려는 움직임이 활발해졌어요. 법관의 역사의식과 소신이 얼마나 중요한지 온몸으로 보여준 판결이었습니다.

이런 사회 분위기를 파악하고, 친일파 이해창의 자손은 내원암에 대한 땅 찾기 소송을 취하하려고 했습니다. 여론이 갈수록 나빠지고, 그만큼 이길 확률이 줄어드니 이쯤에서 포기하려던 것이었지요. 그러나 내원암과 혜문 스님은 취하를 받아들이지 않고 소송을 계속하기로 했습니다. 법원의 명백한 판결을 받아서 혹시 모를 말썽의 소지를 없애고 싶었던 것이지요. 결국 법원은 2005년 12월, '내원암 측이 오랫동안 땅의 소유권을 가지고 사용해 왔으므로 원고의 소유권을 인정할 수 없다'며 내원암의 손을 들어 주었습니다. (서울중앙지방법원 2005. 12. 30 선고 2004가합 107921 판결)

그리고 2005년 12월 29일, 친일 반민족 행위자 재산의 국

친일파 민영은의 후손들이 낸 토지 반환 소송에서 승소한 시민들이 청주시 상당사거리에 설치한 기념 동판이다. ⓒ연합뉴스

가 귀속에 관한 특별법인 '친일재산귀속법'이 마침내 제정되었습니다. 일본 제국주의의 식민 통치에 협력하고, 우리 민족을 탄압한 반민족 행위자가 친일의 대가로 쌓은 재산은 국가의 소유로 한다는 원칙을 법으로 정한 것이지요. 곧이어 특별법에 따라 만들어진 재산 조사 위원회에서는 이근호 등 친일파의 모든 행적이 친일 반민족 행위에 해당한다며 그들의 이름으로 된 땅을 국가에게 귀속시키기로 결정했습니다. 특별법이 위헌이라는 주장도 있었지만, 법원은 뒤늦게나마 잘못된 과거를 바로잡기 위한 강력한 의지의 표현이라며 이를 물리쳤지요.

그럼에도 불구하고 친일파 후손들의 소송은 지금도 계속되고 있습니다. 하지만 그들은 갈수록 설 자리를 잃어 가고 있습니다. 솜방망이로는 역사를 바로잡기 어렵다는 것을 알게 해 준 판결이 있었고, 그것을 지켜보고 있는 시민들이 있기에 가능한 일이겠지요.

7

여자라서 그렇다고요?

여성의 평등권과 '유리 천장' 이야기

　우리 사회에서는 '유리 천장'이라는 말이 곧잘 쓰입니다. 유리로 되어서 눈에 잘 안 띄는 천장이 머리 위에 있다는 뜻이지요. 이제는 많은 여성들이 직장에서 일을 하며 살아가는데, 언뜻 보기에는 여성에게도 승진의 제약이 없는 것 같지만 사실은 그게 아닌 경우를 보통 유리 천장이 있다고 표현합니다. 우리나라는 선진국에 비해 이런 현상이 더 심해서 높은 자리에 오르는 여성의 비율이 그다지 높지 않다고 하지요.

　그런데 유리 천장 정도가 아니라 여성의 일할 권리를 아예 무시해 버리던 때가 있었습니다. 여성이 일할 수 있는 시기를 마음대로 낮춰 잡아서 '평등권'을 침해한 판례였는데, 다행히 2심에서는 1심 판결을 뒤집는 결과가 나왔지요. 어떤 판례였을까요? 벌써 오래 전 이야기입니다만, 오늘을 사는 우리들의 이야기로 읽힐 수도 있답니다. 그 시작에 이경숙이라는 한 여성이 있었어요.

1983년 어느 날, 이경숙 씨는 횡단보도를 건너다가 택시에 치이는 사고를 당했습니다. 그 때문에 커다란 장애를 갖게 되었지요. 그는 직장에 다니며 꿈을 키워 가던 스물한 살의 꽃다운 아가씨였지만, 사고를 당하는 바람에 꿈은 물거품이 되고 말았습니다. 택시 회사는 터무니없이 적은 금액을 제시하며 대충 마무리하려고 했어요. 경숙 씨는 가만히 있을 수 없어서 택시 회사를 상대로 손해를 배상하라고 요구했습니다.

"저는 더 이상 일을 못하게 되었습니다. 하지만 계속 직장에 다닐 예정이었으니, 못 받게 된 월급에 해당하는 손해를 배상해야 합니다."

택시 회사 측은 딱 잘라서 거절했습니다.

"그렇게는 안 됩니다. 법대로 한번 해 보세요."

손해배상에도 금액을 계산하는 방법이 있습니다. 가장 일반적인 것이 '일실이익' 원칙인데, 사고 때문에 잃게 된 손해액을 배상해 주는 방법이지요. 사고가 없었다면 당연히 받게 되어 있는 이익을 말합니다. 그 원칙에 따르면, 직장을 다니는 사람과 그렇지 않는 사람의 잃어버린 이익은 다르게 평가됩니다. 같은 직장이라도 직급이 달라서 월급을 다르게 받는다면 그때도 받는 금액도 달라지는 것이지요.

택시 회사 측이 하는 말에 경숙 씨는 기가 막혔습니다.

"이경숙 씨는 아직 미혼이고, 더더구나 여자이니까 남자하고는 다르다 이 말입니다. 남자들처럼 계속 일하지는 않을 거라는 거죠. 안 그렇습니까? 결혼하면 다들 그만두잖아요."

"네? 그게 무슨 말씀이세요?"

경숙 씨는 억울했습니다. 법에 호소하는 수밖에 없을 것 같아서 서울지방법원에 민사소송을 제기했어요. 당연히 정년 때까지 일할 경우 받을 수 있는 금액을 청구했지요. 그런데 1985년에 1심 재판을 맡은 서울지방법원은 그의 생각과 달랐습니다. 법원은, '지금 우리 사회 여성들의 평균 결혼 나이와, 회사를 그만두는 관행에 따라 원고의 요구를 들어 줄 필요가 없다'고 판결했습니다. 경숙 씨도 만 26세에는 결혼과 동시에 직장을 그만둘 것으로 보고 25세까지의 월급만 배상하면 된다고 판단한 것이지요. 그리고 나머지 기간은 가정주부로 살았을 테니, 가정주부로서의 손해만 계산하도록 했습니다.

그때는 그랬습니다. 회사가 여성을 직원으로 뽑을 때도 '결혼하면 퇴직하겠다'는 각서를 제출하도록 강요하기도 했어요. 결혼한 여성들은 임금도 적게 받고, 승진도 잘 안 되는 등 불이익을 주는 관행이 오랫동안 있어 왔지요. 자의 반 타의 반으로, 여성이 결혼한 뒤에 다니던 직장을 그만두는 것은 아주 흔한 일이기도 했습니다.

결혼은 축하 받을 일이지만, 직업을 가지고 일을 하는 데 있어서는 성별에 따른 차별이 있었습니다. 여성의 결혼은 임신과 출산, 그리고 육아와 가사 노동이 뒤따르기 때문에 기업에서는 결혼한 여성을 잘 고용하려고 하지 않았어요. 1심 법원이 경숙 씨에게 내린 판결도 이런 관행을 인정한 결과였던 것입니다. 법원은 경숙 씨를 25세까지만 직장인으로서 보았고, 26세 이후에는 가정주부로 보았으며, 그 수입은 도시 일용직 근로자가 받는 최저 수준인 하루 4천 원으로 낮잡아 계산하였지요.

경숙 씨는 너무 억울해서 손이 다 떨릴 지경이었습니다.

"뭐라고요? 보상 금액이 왜 이것밖에 안 되죠? 여자라서 그런 건가요? 나도 일하는 사람입니다. 남자들하고 똑같이 일하면서 월급이 적은 것도 억울한데, 왜 남의 정년을 함부로 정하는 거죠? 난 죽을 때까지 일할 수 있단 말입니다!"

1심 판결이 나오자 여성계는 크게 술렁거렸습니다. 법에도 없는 '25세 조기 정년'을 법원이 미혼의 직장 여성에게 공식적

으로 인정한 판결이기 때문이었지요. 여성들은 '여성 결혼 퇴직제'와 다름없는 이 판결을 말도 안 되는 것으로 여겼습니다. 가정주부의 노동 가치를 지나치게 낮잡아 본 것도 받아들일 수 없기는 마찬가지였지요.

"법원이 여성의 조기 정년을 당연하게 여기다니요. 이건 단지 이경숙 씨만의 문제가 아닙니다. 남녀평등 원칙에 위반한 판결입니다!"

"당장 항소합시다! 이런 불평등 판결은 당장 고치도록 싸워야 합니다. 인권을 보호해야 할 사법부가 여성의 노동권과 평등권을 침해하는 결혼 퇴직제를 인정하고 주부의 가사노동 가치를 가볍게 본 것입니다."

여성계가 목소리를 높이자 시민들도 이에 호응하고 나섰습니다. 몇몇 뜻있는 변호사들도 이경숙 씨의 항소를 지원하기로 했지요.

조영래 변호사가 먼저 나서서 이경숙 씨 사건의 항소심 변론을 맡았습니다. 그는 결혼 퇴직제와 조기 정년제에 대한 자료를 모으고, 의견서를 재판부에 제출하는 등 적극적으로 변론을 펼쳤습니다. 조영래 변호사가 재판에서 말했어요.

"원고 이경숙 씨가 맡은 일이 조금은 단순하고, 그녀가 다니는 회사에 근무하는 기혼 여성이 없다고 하여, 곧바로 원고가 결혼하면 퇴직할 것이라고 결론을 내린 것은 논리적 연관성이 부족합니다."

그는 이어서 가사 노동의 가치에 대하여도 지적했습니다.

"가사 노동의 경제적 가치에 대한 합리적인 평가 기준이 없다고 하더라도, 일용직 여성 근로자의 하루 노임이 과연 누구나 인정할 만한 평가 기준이 될 수 있는 것입니까? 가사 노동의 가치에 관한 합리적인 기준을 마련하기 위해 법원이 제대로 노력했는지 의문이 듭니다."

조영래 변호사는 여성 1000여 명에게 했던 설문 조사 결과를 재판부에 공개하면서 여성들의 생각이 오늘날 어떻게 변해 가고 있는지 호소하기도 했습니다. 여성들은 남성과 마찬가지로 돈을 벌기 위해 일하지만, 보다 나은 삶을 위해서도 일을 한다고 당당하게 말했습니다. 뿐만 아니라 전체 응답자의 70% 이상이 결혼 후 퇴직을 요구하는 것은 옳지 않다고 밝혔지요.

마침내 1986년 3월 4일, 이경숙 씨의 손해배상 청구에 대한 서울고등법원 판결이 나왔습니다. 모두의 눈과 귀가 판결문을 읽어 내려갈 법관에게로 향했지요. 그날 법관은, '이경숙 씨가 55세까지 근무하다가 퇴직하는 것으로 보아야 한다'고 판결했습니다. (서울고등법원 1986. 3. 4. 선고 85나1683 판결) 고등학교와 대학교를 졸업한 우리나라 미혼 여성의 취업률이 날로 증가하고 있고, 계속 일하고자 하는 비율도 높기 때문에 결혼하면 반드시 퇴직한다고 할 수 없다는 것이 그 이유였지요. 법원이 결혼 퇴직제를 인정하지 않았으므로, 가사 노동의 가치에 대하여 1심에서 했던 말들은 더 이상 나오지 않았습니다. 이 판결은 대법원에서도 그대로 인정되었어요.

이경숙 씨의 용기 있는 도전이 결실을 맺었습니다. 그가 온몸으로 싸워 얻은 이 판결은 국민의 평등권을 확인시켜 준 의미 있는 판결로 역사에 기록되었어요. 평등권이란 누구든 국가나 사회 집단으로부터 불평등한 대우를 받지 않을 권리를 말합니다. 시민들은 '여성의 성 차별과 정년 문제가 법정 투쟁으로 이어진 첫 번째 승소 사건'이라며 기뻐했지요.

그러나 이 판결이 나온 뒤에도 여성에 대한 직장에서의 차별과 그에 대한 싸움은 계속되었습니다. 결혼하면 회사를 그만둬야 한다는 관행과 이를 둘러싼 분쟁도 끊이지 않았지요. 그나마 다행인 것은 무언가 달라져야 한다는 노력도 그치지 않았다는 것입니다.

1987년 12월에는 '남녀고용평등법'이 새로 만들어졌습니다. 결혼이나 임신, 출산을 하면 퇴직한다는 조건으로 여성을 채용하면, 그 사업주는 법에 의해 처벌할 수 있게 되었습니다. 그에

따라 대전에서 퇴직 위기에 몰렸던 여성 근로자 7명이 계속 일할 수 있게 되었어요. 같은 회사의 동료인데 남자는 55세까지 일할 수 있고, 여자는 53세까지만 일할 수 있다고 한 것도 무효라는 판결이 내려졌습니다. 1995년 8월에 남녀고용평등법이 다시 바뀌었을 때는 '미혼 여성만 지원할 수 있다'며 직원을 뽑는 것도 명백한 위법이라는 것을 분명히 하였지요.

하지만 우리 사회는 여전히 문제가 많습니다. 겉으로는 아무 일 없는 것 같지만, 곳곳에 여성의 앞길을 가로막는 유리 천장이 존재하고 있으니까요. 조금만 눈여겨보면 여러분의 눈에도 보일 것입니다. 여성 공무원이나 교사의 수가 많아 보여도 고위직으로 올라갈수록 여성의 비율은 낮은 편입니다. 정치를 함으로써 남녀가 평등한 세상을 만들어 갈 여성 국회의원 수도 턱없이 부족한 상황이지요. 이를 해결하려면 어떻게 해야 할까요? 이번 판결에서 이경숙 씨가 보여준 것처럼 세상의 편견과 싸우는 용기와 자긍심도 필요하지만, 무엇보다 중요한 것은 우리 사회가 더욱 성숙해져야 한다는 것입니다. 그러니 여성과 여성 인재를 차별하는 사회에서 이경숙 씨가 어떻게 살았는지, 어떤 눈물을 흘렸는지 결코 잊어선 안 되겠지요.

상봉동의 검은 민들레

우리 법원에서 처음 논의된 '환경권' 이야기

아파트 1층 주차장이나 화단에 보면 '전면 주차'라고 쓰인 표지가 가끔 눈에 띕니다. 전면 주차를 하라니, 여러분도 그 까닭이 궁금한 적 있을 거예요. 사실, 전면 주차는 화단 식물한테도 좋을 리 없지만 특히 1층에 사는 사람들에게는 어쩌면 생명을 위한 것인지도 모른답니다. 그런 집에 살아보지 않은 사람은 얼마나 고통스러운지 이해하기 힘들지요. 밖에서 들어오는 매연과 그 냄새 때문에 한여름에도 창문을 닫아야 하고, 금세 환기가 되는 것도 아니어서 집 안이 늘 좋지 않은 공기로 가득 차게 되거든요.

공기 오염으로 인한 폐해는 생각보다 심각합니다. 이웃이 전면 주차를 해서 나아질 상황이라면 그나마 다행일 거예요. 만약 집 근처에 연탄 공장이 있어서 집 안으로 늘 검은 먼지가 들어온다면 어떨까요? 눈에 보이지도 않는 먼지를 들이마셔서 몹쓸 병까지 얻었다면 누가 그 손해를 배상해야 할까요? 그런데 실제로 그런 일이 있었습니다. 서울 시내 한복판에서 진폐증에 걸린 한 여성의 이야기예요.

서울에서 옷가게를 하던 박길래 씨는 오랜 고생 끝에 상봉동에 자그마한 집을 마련했습니다. 이사하기 전날 밤에는 자꾸 눈물이 나서 잠도 잘 이루지 못했어요. 일찍이 부모를 여의고 홀로 자란 그녀였기에 자신의 이름으로 된 집 한 채는 삶의 터전 그 이상의 의미였습니다.

"이제야 세상에 뿌리를 내리게 된 것 같아……."

길래 씨는 저도 모르게 웃음기어린 얼굴이 되어 혼잣말을 했습니다. 그러나 어떤 고통이 그녀를 향해 다가오고 있었는지, 그때는 미처 알지 못했습니다.

얼마 뒤 그녀는 이상한 생각이 들었습니다.

"매일 닦는데도 이렇게 검은 먼지가 계속 나오네. 웬일일까?"

길래 씨는 집 안을 닦고 또 닦았습니다. 집 가까이에 연탄 공장이 있다는 건 알았지만, 별로 대수롭지 않게 여겼어요. 그렇게 몇 년이 흐른 어느 날, 길래 씨는 몸이 아파 오기 시작했습니다.

"쿨럭 쿨럭."

언제부터 시작되었는지 모를 기침이 잦아들지 않았습니다. 떨어지지 않는 감기 증세로 약을 먹어도 소용없었지요. 길래 씨는 여러 병원을 다니며 치료해 보았지만 도무지 낫지 않았습니다. 그 뒤 호흡기 장애가 심해져서 찾아간 국립의료원 의사에게 길래 씨가 물었습니다.

"혹시…… 암인가요?"

"아뇨, 혹시 박길래 씨 탄광마을에 사세요?"

"네? 서울에 사는데, 왜 그러세요?"

"그게…… 진폐증이라서요."

"진폐증이요?"

길래 씨는 깜짝 놀랐습니다. 진폐증은 폐에 미세먼지가 쌓이고, 폐가 점점 굳어 가면서 결국은 죽게 되는 무서운 병이었어요. 그때만 해도 치료할 약이 없었지요. 대부분 땅 속 깊은 곳에서 석탄을 캐며 직접 석탄 가루를 흡입하는 광부들에게나 있는 병이라고 여겼습니다.

"저는 탄광에는 가 본 적도 없어요. 제가 왜 그런 몹쓸 병

1980년대 연탄 공장 내부 모습 연탄을 만드는 기계 설비들이 분주히 돌아가는 가운데 한 연탄 공장에서 연탄이 만들어져 나오고 있다. ⓒ연합뉴스

에 걸렸을까요?"

"글쎄요."

의사는 고개만 갸웃거렸습니다. 병원에서 돌아온 길래 씨는 여기저기 부옇게 내려앉은 먼지를 닦으며 생각했어요.

'아무래도 이 먼지들 때문인 것 같아…….'

길래 씨는 창문마다 단단히 붙여 둔 테이프를 떼고 창문을 열었습니다. 창밖으로 높다랗게 쌓아 올린 석탄 가루가 보였습니다. 공장에서 만들어져 나온 연탄들도 군데군데 쌓여 있었지요. 눈에 익은 풍경이었지만 이제는 다르게 보였습니다. 먼지 같은 것쯤 예삿일로 보아 넘긴 자신이 새삼 원망스러워졌어요. 그동안 길래 씨는 연탄 공장에서 날아 들어오는 먼지를 줄여 보려고 온갖 노력을 다했습니다. 창문을 몇 겹의 비닐로 막고 틈새마다 테이프로 발랐지만 그래도 먼지는 가시지 않았지요. 검은 먼지들은 기어이 자신의 몸속으로 들어와 진폐증이라는 병까지 생기게 했습니다.

길래 씨는 공장 책임자를 찾아가 말했습니다.

"이 공장에서 날아온 석탄 먼지 때문에 진폐증이라는 병에 걸렸습니다. 병원에도 다녀왔어요. 아무튼 원인 제공을 한 것이니 어떻게든 책임 있는 말씀을 해 주셨으면 합니다."

하지만 예상대로 공장 측은 눈도 깜짝하지 않았습니다.

"우리는 모르는 일입니다. 우리 공장 때문에 당신이 병에 걸렸다는 것을 증명해 보세요. 그게 맞는다면 이 동네 사람들이 다 진폐증에 걸렸게요? 만날 여기서 일하는 우리는 또 뭐죠? 그렇게 이 동네에 살기 싫으면 이사 가면 그만 아니오?"

길래 씨는 발길을 돌릴 수밖에 없었습니다. 집으로 돌아오는 길, 민들레 한 송이가 문득 길래 씨의 눈에 들어왔습니다. 그 꽃은 고향에서 늘 보던 노란색이 아니라 검은 먼지에 덮여 있었지요. 길래 씨는 그 꽃이 꼭 자신의 모습인 것만 같아 더 눈물이 났습니다.

길래 씨는 몸이 너무 아파서 더 이상 그 동네에 살 수 없었습니다. 의사도 어디라도 좋으니 공기 좋은 다른 동네로 이사 갈 것을 권했지요. 8년 전, 처음 내 집을 사서 이곳으로 오던 때의 행복했던 기억은 온데간데없고, 이젠 몸을 추스르기조차 힘들었습니다. 새로 이사 간 데서 종이 봉지를 만들며 살던 길래 씨는 문득 이런 생각이 들었어요.

'거기 한두 명이 사는 것도 아니고, 나만 빠져 나오면 그만일까? 나 같은 환자가 분명히 나올 텐데……. 어떻게든 이런 사실을 알려야 하지 않을까?'

길래 씨는 자신 같은 피해자가 더 이상 나오지 않기를 바랐습니다. 그러기 위해서는 어떻게든 진실을 밝히고 책임을 물어야 했어요. 사실 그들은 공해에 대한 별다른 방비도 없이 연탄을 만들어 왔습니다. 덮개도 없는 트럭이 석탄 가루를 가득 싣고 하루에도 수십 번씩 집 앞을 오갔지요. 그러나 아픈 몸으로 근근이 살아가던 길래 씨에게 소송은 어려운 일이었습니다.

무엇부터 해야 할지 모르고 이리저리 헤매 다니던 길래 씨의 손을 이번에도 조영래 변호사가 먼저 잡아 주었습니다. 그는 서울시 한복판에서 진폐증에 걸렸다는 것이 얼마나 심각한 환경 문제인지 단번에 알아차렸어요. 그만큼 도시 공해와 환경 문제는 진작부터 그의 주된 관심사였습니다.

조영래 변호사는 반드시 소송을 해야 하는 사건이며, 반드시 승소할 거라며 길래 씨에게 용기를 주었습니다.

"잘 생각해 보십시오. 도시에 거주하는 수많은 사람들을 생각하면 이번 사건은 비단 박길래 씨만의 문제가 아닙니다. 소송을 해야 마땅합니다. 공익 소송으로 진행할 수 있도록 제가 돕겠습니다."

길래 씨가 어떤 피해를 입었고, 이번 사건이 법정 소송으로 진행된다는 소식이 알려지면서 사람들은 길래 씨를 '검은 민들레'라고 불렀습니다. 그렇게 검은 민들레는 도시에서 어렵게 살아가는 사람들의 상처와 희망을 상징하는 그녀의 또 다른 이름이 되었지요.

법정 공방은 팽팽했습니다. 예상대로 쉽지 않은 싸움이 계속되었지요. 그러나 시간이 갈수록 피고 측의 주장에는 같은 내용이 반복되고 있었습니다.

"우리는 분진 발생을 억제하기 위해 온갖 조치와 노력을 다했습니다. 먼지를 막는 방진 시설을 적절히 설치했고, 그래도 먼지가 날까 봐 언제나 물을 뿌리면서 작업했습니다."

조영래 변호사가 다그치듯 물었습니다.

"지금 조치라고 하셨나요? 창문으로 들어온 석탄 먼지 때문에 박길래 씨는 바깥에 빨래를 널지도 못했습니다. 한여름에도 창문을 열지 못했습니다. 왜냐고요? 작은 틈이라도 생길까 봐 온통 테이프로 막아 놨기 때문입니다. 그런데도 집 안에 석탄가루가 들어와 쌓였습니다. 과연 적절한 조치를 취했다고 할 수 있는 것입니까?"

"연탄 공장 근처에 사는 이웃 주민으로서 그 정도의 먼지는 미리 예측할 수 있는 것이었습니다. 참을 수 있는 정도라고 봐야 합니다."

피고 측은 '수인한도'라는 것으로 자신들의 주장을 뒷받침하려고 했습니다. 수인한도란 공해나 소음 따위가 다른 사람에게 해를 끼칠 때, 그 피해의 정도가 서로 참을 수 있는 한도를 말하지요.

조영래 변호사는 곧장 반박하고 나섰습니다.

"말도 안 되는 주장입니다. 문제는 진폐증입니다. 탄광도 아닌 서울 한가운데에서 사람이 진폐증에 걸릴 정도인데, 단지 연탄 공장에 이웃해 있다는 이유만으로 이를 미리 예측할 수 있고, 참을 수 있는 정도라고 하는 것은 어불성설입니다. 박길래 씨는 결코 광부가 아닙니다."

"그러니까 인과 관계를 입증해 보라 이 말입니다. 공장 주변에 사는 주민들 모두가 진폐증에 걸렸습니까? 박길래 씨의 체질에 문제가 있을 수도 있고, 우리가 모르는 다른 원인이 개입될 수도 있는 것입니다."

피고 측은 할 발도 물러서지 않았습니다. 그러나 조영래 변호사와 그의 동료 변호사들은 다른 나라에서의 판례와 학설을 소개하면서, 사람이라면 누구나 좋은 환경에서 살 권리가 있다고 재판부를 설득했습니다. 주민들은 물론 공장 직원들까지 부지런히 만나고 다니면서 혹시 누가 길래 씨와 비슷한 증상을 겪고 있는지 조사해 나갔지요. 그렇게 피고의 주장을 하나하나 반박해 가는 동안 명확한 증거들이 하나 둘씩 쌓여 갔습니다.

이윽고 1989년 1월 12일, 길래 씨와 조영래 변호사 그리고 이번 판결을 도운 모든 사람들은 곧 나올 법원의 판결을 기다리고 있었습니다. 얼마 뒤, 조용히 앉아서 법관의 판결문에 귀를 기울이던 길래 씨의 눈에 눈물이 그렁그렁해졌어요.

1심 법원은 길래 씨를 우리나라 최초의 공해병 피해자로서 그 인정 기준을 완화하여 판결하였습니다. (서울민사지법 1989.1.12. 선고 88가합2897 판결) 재판부는 공장에서 배출된 석탄 가루가 길래 씨가 살던 곳까지 도달한 것이 확실하다고 보았습니다. 그러므로 길래 씨가 진폐증이라는 병에 걸렸다면, 석탄 가루 말고는 다른 원인이 있을 가능성이 적다고 판단한 것이지요. 따라서 연탄 공장은 피해를 입히지 않았다는 사실을 스스로 증명해야 하며, 만약 이를 증명하지 못하면 피고가 모든 책임을 져야 한다고 판결을 내렸습니다.

그 뒤 2년의 세월이 흐른 1991년 1월 12일, 1심과 같은 내용의 판결이 대법원에서도 나오자 이를 반기는 목소리들이 여기저기서 터져 나왔습니다. (대법원 1991.1.12. 선고 88가합2897 판결) 많은 시민들이 법원의 용기 있는 결단을 환영하고 나섰지요. 사법부가 이 소송에서 입증 요건을 완화한 것은 오랫동안 잠자고 있던 '환경권'을 법의 이름으로 새롭게 인정한 것이었습니다. 그저 이름뿐이던 환경권을 시민의 권리로 받아들임으로써 헌법을 살아 있는 규범으로 만드는 데 기여한 것이지요.

그러나 길래 씨는 끝내 건강을 회복하지 못하고 57세가 되던 2000년에 세상을 떠나고 말았습니다. 마지막 판결이 나오고 10년 남짓 사는 동안, 길래 씨는 우리 사회에서 공해병이 생기지 않도록 하는 데 최선을 다한 환경 운동가로 살았습니다. 제 2의 검은 민들레가 나오지 않기를 바라는 마음 하나로 말이지요.

길래 씨는 이미 우리 곁을 떠났지만, 검은 민들레를 잊지 않고 기억하려는 사람들은 아직 우리 곁에 있습니다. 그 가운데 안혜경이라는 분은 '검은 민들레'라는 제목으로 이렇게 노래했어요.

들레 들레 민들레야
상봉동의 민들레야

필 적에는 곱더니만
질 적에는 까맣구나

피우지 못한 노오란 꿈 안고
다시 태어나거들랑

상봉동에 피지 말고
저 들녘에 피워 보렴

9

사회권도 인권입니다

노령 연금과 '사회권' 이야기

우리나라는 이미 고령화 사회에 접어들었다고 합니다. 언론에서는 '베이비부머' 세대가 은퇴하면서 노령 인구가 늘고 있다는 기사들이 심심치 않게 보이고 있지요. 베이비부머 세대란 한국 전쟁이 끝난 뒤인 1955년부터 가족계획 정책이 시행된 1963년까지 태어난 세대를 말합니다.

여러분도 잘 보면 고령화 사회라는 말이 실감날 것입니다. 지하철만 타도 우리 주변에 할머니 할아버지가 얼마나 많아졌는지 잘 알게 되거든요. 그러다 보니 동네마다 노인 요양 시설도 흔해졌습니다. 유치원처럼 낮에만 노인을 돌봐 주는 주간 노인 요양 시설도 생기고 말이지요. 하지만 길에 버려진 파지를 주워야 할 만큼 가난한 분들을 보는 것도 어렵지 않은 일이 되었습니다.

그래서 우리 헌법은 생존권을 포함한 '사회권'을 누구나 가지는 기본권으로 규정해 놓았습니다. 인간다운 생활을 보장받을 수 있는 헌법상의 기본권으로서, 그러기 위해 필요한 것을 국가에 요구할 수 있는 권리를 말하지요. 그 때문에 국가는 여러 가지 사회 보장 제도를 마련하고 특히 생계가 어려운 국민을 위해 노력하는 것입니다.

하지만 모두가 그렇게 생각하는 건 아니었습니다. 어떤 학자는, 국민이 사회권을 근거로 해서 국가에게 어떤 것을 요구하기는 어렵다고 했습니다. 사회권이라는 것은 국가에 돈이 충분할 경우에만 가지게 될 수 있는 권리라서 그렇다는 것이지요.

지금부터 이야기할 이기남 할아버지는 바로 그 생각에 의문을 가졌습니다. 그러고는 왜 그런지 하나하나 따져 묻기 시작했지요. 국가는 분명히 헌법과 법률이 정한 대로 국민을 배려할 의무가 있다고 생각했으니까요. 이기남 할아버지뿐만 아니라 노년을 바라보는 모든 이들에게 희망이 되었던 판결 이야기입니다.

"이봐요. 다리가 너무 아파요. 좀 주물러 주면 좋겠어요."

할머니는 힘겹게 할아버지에게 도움을 청했습니다. 할아버지는 안쓰러운 눈빛으로 할머니의 다리를 주물렀어요. 한참을 주무르자 할머니는 손사래를 치며 말했습니다.

"이제 됐어요. 고마워요."

"아니오, 좀 더 주무를게요."

할아버지는 관절염으로 부어 오른 할머니의 무릎과 다리를 정성껏 주물렀습니다.

"나이 들고 힘이 없어지니 미안한 것이 많아요."

"그게 무슨 말이요? 괜찮아요."

할아버지와 할머니는 넉넉한 형편이 아니었습니다. 자식들이 있지만 저마다 빠듯한 살림에 노부부를 돌보기는 어려웠지요. 할아버지가 말했습니다.

"다음 달이면 나도 65세가 되니 노령 연금이 나온다잖아요. 얼마 안 되더라도 당신 약값은 보탤 수 있을 거요."

"노령 연금이요? 그런 걸 준대요? 연금에 가입한 적도 없는데?"

할머니는 반가운 기색으로 물었습니다.

"아, 그렇다니까요. 법에 정해져 있다고 텔레비전에 나오지 않던가요?"

"아유, 그렇게만 된다면 숨통이 좀 트이겠는데……. 요즘은

통 수입이 없어서 사는 게 곤욕이네요."

할머니의 말에 할아버지는 엷은 미소를 지어 보였습니다.

그리고 얼마 뒤, 할아버지는 할머니와 함께 구청으로 갔습니다. 잔뜩 기대를 품고 말이지요.

"저…… 노령 수당 신청하러 왔는데요."

"연세가 어떻게 되시죠?" 연금 담당 공무원은 할아버지와 할머니를 힐끗 보더니 물었습니다.

"이번 달로 65세가 되었지요."

"어디 주민등록증 좀 줘 보세요."

할아버지는 주민등록증을 내어 보였습니다.

"1929년생이시니까…… 만 65세 맞네요. 하지만 아직 노령 수당은 지급되지 않습니다."

"그게 무슨 소리요? 텔레비전에서 65세면 연금을 받을 수 있다고 하던데."

"지침상 안 됩니다. 여길 보세요."

공무원은 두툼한 서류를 보여주면서 설명했습니다.

"보건복지부 장관이 정한 노인복지사업 지침에 따르면, 노령 수당은 만 70세 이상의 생활보호대상자에게만 지급하도록 되어 있습니다. 할아버지는 아직 만 70세가 되지 않아서 지급 대상이 아닙니다. 70세가 되면 다시 오세요."

이상원 작 <동해인>, 163x126cm, 한지 위에 먹과 유화 물감, 2002 ⓒ이상원미술관

할아버지는 혀를 끌끌 찼습니다.

"쯧쯧, 이게 뭔가 잘못된 거지. 법으로 정한 게 있는데 지침으로 달리 정하다니요?"

"할아버지. 이건 국가에서 하는 행정 업무예요. 다투실 게 있으시면 소송으로 다투세요. 저희는 법과 지침이 정한대로 할 뿐 달리 도움을 드릴 여지가 없습니다."

할아버지와 할머니는 힘없이 발걸음을 돌려야 했습니다.

"그렇죠 뭐……. 우리가 미리 연금을 든 것도 아닌데 그냥 돈을 줄 리가 있겠어요?"

내내 듣고만 있던 할머니가 한숨을 쉬며 말했습니다.

"아니, 법이 정하고 있잖아요? 내 말은, 주라고 정한 걸 왜 안 주냐는 거요. 그 지침이란 게 뭔가 잘못된 거지."

할아버지의 목소리에 노여움이 배었습니다.

"구청에서 규정상 못 준다고 하면 그만 아니에요?"

"구청도 잘못할 수가 있지요. 아무래도 어디 가서 물어봐야 겠어요. 돈 얼마가 문제가 아니에요. 왜 이랬다 저랬다 헷갈리게 해서 국민을 우롱하느냐 이 말이에요."

할머니는 더 이상 아무 말도 하지 않았습니다. 할아버지 마음을 다 알기 때문이었지요. 그날 할아버지는 잠을 제대로 이룰 수 없었습니다.

그리고 얼마 뒤, 할아버지는 시민 단체인 '참여연대'를 찾아가서 그동안 있었던 일에 관해 이야기를 나누었습니다. 법 규정과 지침을 꼼꼼히 살펴보던 활동가가 말했어요.

"할아버지 말씀이 옳습니다. 소송으로 다퉈 볼만해요."

"소송이요? 하지만 난 경제적으로 소송할 형편이 못 되는데……."

"괜찮습니다. 이 규정 때문에 노령 수당을 받지 못하는 분들이 전국에 할아버지 말고도 많이 계세요. 그러니 그분들 모두를 위해 공익 소송을 하는 게 좋겠습니다."

"공익 소송이라고요?"

"네, 할아버지께서 소송으로 다투고자 하시는 대로 저희 단체가 도와 드리겠습니다."

"그래 주면 고맙지만, 이렇게 신세를 져서야 원……."

그렇게 해서 이기남 할아버지는 구청을 상대로 행정 소송을 제기하게 되었습니다. 1994년의 일이었지요. 하지만 기대했던 것처럼, 들었던 말처럼 쉬운 것은 아니었습니다.

우리 법에는 '상위법 우선의 원칙'이 있습니다. 상위법이 하위법보다 우위에 있고, 상위법에 위배되는 하위법은 효력이 발생하지 않는다는 원칙이지요. 그에 따라 헌법이 최고의 상위법이 되고 이어서 법률, 명령, 조례, 규칙 순으로 효력을 가지도록

1997년 3월, 노인의 날을 맞아 서울 종로구 탑골공원에서 열린 전국노인대회에서 노인 단체 회원들이 노령연금법 제정을 촉구하고 있다. ⓒ연합뉴스

저 분들 말씀에도 귀를 기울여야지.

누구나 나이가 들면 노인이 되니까.

되어 있습니다.

그 상위법 우선의 원칙에 따라 구청장이 내린 '지침'보다는 법률이 먼저라는 것은 분명했습니다. 그런데 법률은 중요한 내용만 대강 규정하고, 더욱 자세한 규정들은 그 아래 법령인 지침에서 정하도록 맡기고 있습니다. 그래서 '노령 수당 지급 대상자는 65세 이상인 사람 중에서 소득 수준을 고려해 장관이 정하는 일정 소득 이하의 사람으로 한다'는 법 규정을 어떻게 해석할 것인지가 문제였습니다.

할아버지는 장관이나 구청장의 지침만으로 법률이 정한 것을 바꿀 수는 없다고 생각했습니다. 그러나 법원의 판단은 그게 아니었습니다.

서울고등법원은 주저 없이 원고 패소 판결을 내렸습니다. 할아버지가 재판에서 지고 만 것이었지요. 국가 예산이 허락하는 범위 안에서는 지급 대상자의 나이도 지침으로 조정할 수 있다는 것이 법원의 판단이었습니다. 따라서 65세가 아니라 70세 이상을 노령 수당 지급 대상자로 정한 지침은 법률 위반이 아니라는 거였지요.

할아버지는 답답했습니다. 그런 할아버지에게 마지막 희망은 대법원이었습니다. 괜한 불이익만 당하는 건 아닌지 벌써 여러 번 포기하고 싶었지만, 지금껏 소송을 도운 시민 단체의 격려가 할아버지에게 큰 힘이 되었어요.

그로부터 약 1년이 지난 1996년 4월, 기다리던 대법원의 판결이 나왔습니다. 이기남 할아버지가 구청장을 상대로 낸 상고심에서 대법원은 원고 패소 판결을 내린 원심을 깨고, 사건을 다시 판단하도록 서울고등법원으로 되돌려 보냈습니다. 할아버지의 고단한 법정 싸움이 승리를 거두는 순간이었지요. 할아버지는 그제야 환하게 웃을 수 있었습니다.

대법원은 노령 수당 지급 대상을 70세 이상의 생활보호대상자로 정한 구청장의 지침은 잘못이라고 판결했습니다.[대법원 1996. 4.12. 선고 95누7727 판결] '생활보호대상자'란 가족도 없이 몸이 아프거나 나이가 많아서 국가가 보호해 줘야 할 사람들을 말하지요. 상위법 우선의 원칙에 따라 구청장의 지침은 상위법인 노인복지법을 위반할 수 없다는 것이 대법원의 최종 판단이었습니다. 상위법에서 65세로 정한 것을 70세로 바꾼 것은 위임의 범위를 벗어난 위법한 결정이라는 것이지요.

우리나라는 헌법에 복지국가임을 밝히고 있습니다. 복지국가란 국민의 생존권을 보장하고, 국민의 행복 추구권을 중요하게 여기는 국가를 말하지요. 국민이라면 누구나 가지는 기본 인권으로서 사회권을 인정하는 것이 또한 복지국가이기도 합니다.

그러나 이번 판결이 나기 전까지는 그렇지 않았습니다. 국민에게 사회권의 하나인 노령 연금을 청구할 권리가 있는지 의견이 분분했거든요. 뿐만 아니라 그런 권리의 범위를 어디까지로 봐야 하는지도 문제가 되었습니다. 주지 않아도 될 사람들한테까지 노령 연금이 돌아가서 자칫 국민의 세금이 낭비될 수 있다는 걱정도 늘 따라다녔어요.

또 한 번 사법부에서는 용기 있는 판결을 내렸습니다. 또 한 번 많은 시민들이 그 판결에 박수를 보냈지요. 이번 판결에서 법원은 노령 연금을 청구할 권리가 국민으로서의 정당한 권리라는 것을 분명히 했습니다. 국민의 입장에 서서 법과 지침을 새로이 해석한 공정한 판례로 남게 된 것이지요. 공익 소송이 무엇이고 어떤 의미가 있는지, 그 참뜻을 알리게 된 또 한 번의 계기이기도 했습니다.

10

피지도 지지도 못한 꽃

일본군 위안부 헌법재판소 판결 이야기

매주 수요일 정오가 되면 일본 대사관 앞에서는 '수요 집회'가 열립니다. 일본군 위안부 문제 해결을 요구하는 집회이지요. 1992년 1월 8일에 처음 시작된 뒤 24년이 지나도록 이어져 오고 있는, 세계에서 가장 긴 시위이자 집회입니다. 이 기록은 일주일마다 한 번씩 새 기록을 세우고 있는 중이기도 합니다. 2011년 12월 14일에는 1000번째 수요 집회를 맞아 첫 '평화의 소녀상'이 서울 종로구 일본 대사관 앞에 세워지기도 했습니다.

2015년 10월 14일은 위안부 할머니들의 1200번째 수요 집회가 있는 날이었습니다. 첫 집회 때만 해도 238명이나 살아

계셨는데, 한 분 한 분 돌아가시고 이제 47명만 생존해 계시지요. 할머니들의 평균 나이도 거의 90세에 이르렀습니다. 그 날은 김복동 할머니가 나와서 말씀하셨어요.

"……먼저 간 우리 언니들 이름을 한 자 한 자 불러 봅니다. 제가 피해자로서, 역사의 산 증인으로서, 세계를 다니면서 일본에 사죄하라고 외치고 있는데요. 오늘도 나오기 힘들었지만, 오랫동안 이 자리를 비워서 미안한 마음에 나왔습니다. 우리 정부가 이때까지 해결을 못 해 주고, 이 늙은 할매들을 고생시켜야 되겠습니까? 이 문제는 우리들만의 문제가 아니라 우리 후손들의 문제입니다."

왜 할머니들은 20여 년이 넘도록 노쇠한 몸을 이끌고 이런 시위를 계속해야 할까요? 할머니들의 소원은 일본의 진심어린 사과인데, 왜 우리 정부는 그 소원이 이루어지도록 돕지 못하는 걸까요? 2006년 7월, 할머니들은 이게 마지막 희망이라고 여기면서 헌법재판소에 헌법소원을 제기했습니다. 그리고 5년이라는 시간이 흐른 2011년 8월 30일, 마침내 헌법재판소의 최종 판결이 나왔지요. 과연 어떤 판결이었을까요? 오랫동안 역사 속에 묻혀 있던 비극이 세상에 알려질 수 있었던 까닭은 고 김학순 할머니의 용기 있는 증언이 있었기에 가능했습니다.

"뻔뻔스러운 일본의 태도가 괘씸해서 피해 사실을 밝히기로 마음먹었습니다. 일본 때문에 수많은 사람들이 비참하게 죽었고, 나의 삶도 무너졌습니다. 지금부터 이 생명이 다하는 날까지 종군 위안부 문제를 증언할 것입니다. 그들의 만행을, 우리가 강요에 못 이겨 했던 그 일을 역사에 남겨 알려야 하니까요."

1991년 8월 14일, 그 날은 김학순 할머니가 일본군 강제 위안부였다는 것을 최초로 밝힌 날이었습니다. 일본군 강제 위안부가 실제로 있었다는 사실이 우리나라에서 처음 확인되는 순간이었지요. 카메라 앞에 선 할머니는 떨리는 목소리로 말을 이어 갔습니다.

"1943년 중국 길림성에서, 그들은 열일곱 살이던 나를 강간하고 강제로 위안부로 만들었습니다. 50여 명의 위안부가 있었는데, 한 사람이 하루 30명이 넘는 군인들의 성노리개가 되어야 했습니다. 도망치려 하거나 명령에 저항하면 무참히 죽였습니다. 먹을 것도 주지 않아서 근근이 목숨을 부지해야 했습니다. 저는 다행히 중국 상인의 도움으로 군 위안소를 도망쳐 남한에 정착하게 되었습니다."

김학순 할머니의 증언에 온 나라가 충격에 빠졌습니다. 많은 사람들이 슬픔에 잠겨 할머니와 더불어 고통스런 눈물을 흘렸지요.

서울 중학동 주한 일본대사관 앞 평화의 소녀상 일본군 위안부 피해자의 모습을 김운성, 김서경 씨가 형상화한 청동 조각 작품이다. 단발머리의 한 소녀가 의자 위에 손을 꼭 쥔 채 맨발로 앉아 있다. 단발머리는 고향으로부터의 단절을 의미하며, 발꿈치가 들린 맨발은 전쟁이 끝난 뒤에도 정착하지 못한 피해자들의 방황을 상징한다. 소녀상 옆에 놓인 빈 의자는 세상을 떠났거나 세상에 드러나지 않은 모든 피해자를 위한 자리이다. ⓒ연합뉴스

그러자 김학순 할머니의 증언에 용기를 얻은 피해자들이 하나 둘씩 모습을 드러내기 시작했습니다. 더 이상 숨어 살지 않고, 당당히 일본의 사죄와 배상을 요구하고 나선 것이지요. 네덜란드에 이어 미얀마와 중국 등 세계 여러 곳에서 피해 여성들의 증언이 쏟아져 일본의 만행이 만천하에 드러났습니다. 그들은 저마다 피맺힌 증언을 토해냈지요.

"일본 사람들은 왜 나와 벗들에게 그토록 끔찍한 짓을 저질렀나요? 생각할수록 치가 떨립니다. 왜 그러고도 진실을 왜곡하는지 묻고 싶습니다."

"그런 잔학한 짓을 저질러놓고도 일본은 버젓이 잘 사는 나라가 되었는데, 왜 우리는 참혹한 피해를 입고도 죄인처럼 살아야 했습니까? 왜 가족에게서 떠나와 숨을 죽이며 살아야 했습니까? 왜 지금까지도 그렇게 살아야 하는 것입니까?"

일본은 제2차 세계대전 무렵부터 1945년까지 우리나라를 비롯한 아시아 여성들을 강제로 연행하거나 납치해 일본군의 성노예로 만들었습니다. 사이판, 미얀마, 인도네시아, 만주 등 낯선 나라로 끌려가 청춘을 빼앗긴 여성들이 줄잡아 10여 만 명에 이른다고 하지요. 그 가운데 70% 정도가 당시 일본의 식민지였던 우리나라의 어린 여성들이었습니다. 일부는 살아서 고국으로 돌아왔지만, 수많은 목숨들이 낯선 땅에서 죽거나 버려졌습니다. 꿈에 그리던 고향집으로 돌아온 이들도 아물지 않는 몸과 마음의 상처 때문에 평생토록 고통 받을 수밖에 없었습니다. 대부분 아이를 낳을 수도 없었고, 참기 힘든 손가락질까지 받아 가며 눈물의 세월을 보내 왔던 것이지요. 그야말로 할머니들은 피지도 지지도 못한 꽃으로 살아온 것입니다.

김학순 할머니의 증언 이후, 할머니들은 더 힘을 내서 일본에 대한 싸움을 이어 나갔습니다. 시민들의 관심이 높아지고 할머니들 곁에 사람들이 많아지면서 일본에 사죄와 배상을 요구하는 여론이 끓어오르기 시작했어요. 1992년 유엔인권위원회는 '일본군 위안부는 성적 노예 제도이며 인권에 반하는 죄'라고 선언했습니다. 피해자에게 사죄하고 모두가 인정할 만한 보상을 해 줘야 하며, 피해를 입힌 사람들을 찾아내 처벌해야 한다고 의견을 모았지요. 그렇게 위안부 문제는 우리나라와 일본 두 나라 사이의 문제를 넘어 국제적인 이슈가 되었고, 세계인이 함께 눈물을 흘렸습니다.

그러던 중 반가운 소식이 들리기도 했습니다. 일본군 위안부는 군에 의해 강제로 만들어진 것이라는 고백이 담긴 '고노 담화'가 1993년 8월에 발표된 것이었어요. 뿐만 아니라 1998년에 위안부 할머니 세 분이 일본 정부를 상대로 낸 1심 소송에서 법원은, '일본군 위안부는 강제로 동원된 것이니 1인당 30만 엔씩 총 90만 엔을 배상하라'고 판결하기도 했습니다. 터무니없이 적은 금액이었지만, 지금껏 보여 온 태도에 비하면 그나마 다행인 경우였습니다.

그러나 그게 전부였습니다. 일본은 태도를 싹 바꾸고 내내 묵묵부답이었어요. 심지어 2001년에 열린 2심 재판에서는 1심 판결을 완전히 뒤집고 할머니들에게 패소 판결을 내렸습니다. 1965년에 두 나라가 맺은 '한일 협정'에서 '모든 청구권을 상실한다'는 조항을 두었다는 이유로 할머니들에 대한 배상을 인정하지 않았지요. 그 뒤 일본은 아무런 증거가 없다는 입장만 고집했습니다. 일본 정부와는 아무 상관 없이 민간 차원에서 이루어진 일이라고 말이지요.

할머니들은 그들의 무책임한 태도에 울분을 참을 수 없었습니다. 할머니들이 바라는 것은 잘못에 대한 진심어린 사과인데, 아무런 말도 없이 할머니들의 목소리만 메아리처럼 되울릴 뿐이었어요.

그러는 과정에서 우리 정부에 대한 불만도 터져 나오기 시작했습니다. 일본 정부에 제대로 된 문제 제기도 하지 못하고, 우리 국민인 위안부 할머니들을 위해 별다른 조처도 취하지 않은 채 끌려다니기만 했으니까요.

"위안부로 고통 받았던 내가 이렇게 시퍼렇게 살아 있는데, 일본은 종군 위안부를 끌어간 사실이 없다고 하고, 우리 정부는 모르겠다고 하니 말이나 됩니까?"

"일제 강점기 때야 그렇다고 쳐요. 그때는 나라가 없었으니까요. 하지만 지금은 대한민국이라는 나라가 버젓이 있고 우리도 엄연히 대한민국 국민인데, 어쩌면 우리들이 당한 피해에 대해 이토록 나 몰라라 할 수 있습니까? 일본은 1965년에 맺었다는 협정으로 이미 책임을 면했다면서 우리에게 패소 판결을 내렸습니다. 우리가 입은 상처가 이만큼이나 크고 깊은데, 여태껏 배상은 물론 아무런 위로조차 받지 못하고 있습니다. 여러분, 어떻게 생각하십니까? 이럴 때일수록 정부가 나서서 국민을 위로하고, 합당한 배상을 받을 수 있도록 적극적으로 도와야 하는 것 아닙니까?"

2006년 7월 5일, 국내에 머물고 있던 일본군 위안부 생존 피해자 109명은 헌법재판소에 헌법소원을 제출했습니다. 대한민국 정부가 국가의 의무를 소홀히 한 것은 아닌지 법의 판단을 받겠다는 뜻이었지요. 그 소송에서 가장 중요한 쟁점은 '국가에게 위안부 할머니들을 위한 의무가 있는지'였습니다.

마침내 2011년 8월 30일, 기다리고 기다리던 헌법재판소의 판결이 나왔습니다. 할머니들이 애끓는 마음으로 법의 목소리를 듣고자 한 지도 어느 새 5년이 훌쩍 지나 있었지요. 그날 할머니들은 참으로 오랜만에 활짝 웃을 수 있었습니다. 법이 할머니들의 편에 서서 그 야윈 손을 잡아 주고 있었으니까요.

헌법재판소는 다음과 같이 명백히 밝혔습니다.

"대한민국은 한일 협정 제 3조에 따라 분쟁 해결의 절차로 나아갈 의무가 있다. 이는 헌법에 의한 요청이다. 대한민국은 일본의 불법 행위에 의하여 인간의 존엄과 가치를 심각하게 훼손당한 우리 국민들이 배상 청구권을 실현하도록 협력하고 보호하여야 할 의무가 있다."(헌법재판소 2011. 8. 30. 선고 2006헌마788 판결)

헌법재판소는 일본군 위안부 할머니들을 위해 외교적 노력을 다하지 않은 우리 정부의 '부작위'가 위헌이라고 판단했습니다. 여기서 부작위란, 어떤 일을 해야 할 의무가 있는 사람이 그러기 위한 행동을 하지 않을 때 그 잘못을 묻는 것입니다. 만약 어떤 어머니가 고의로 아기에게 젖을 먹이지 않아 굶어죽게 했다면 부작위에 의한 살인죄가 되는 것처럼, 헌법재판소는 위안부 할머니들을 위해 노력해야 할 의무가 대한민국에 있다고 본 것입니다. 그 근거는 헌법에서 찾았습니다. 국가의 재외국민 보호 의무, 인간의 존엄과 행복추구권 규정 등이 국가가 반드시 해야 할 의무의 근거였지요.

할머니들의 일본에 대한 배상 청구는 단순한 재산권 행사

ていかれる」／韓国の元「慰安婦」金順徳が描いた絵。

償を求めました。日本政府も「慰安所」の運営に軍が関与していたことを認め、お詫び の意を表しました。一方で政府は，戦争 ての賠償は国家間で解決済みであり，個 補償は行わないとしています。そのため，「女性のためのアジア平和国民基金」を発足させ，元「慰安婦」 の募金による「償い金」をわたし，政府の出資により医療・福祉

④ 「慰安所」が設置された場所／日本に残存する公文書で確認できる地点のみ示している。
〈wamの協力により作成〉

일본에서 '검정 불합격'된 일본군 위안부 그림과 지도 한 일본 출판사(마나비샤)가 검정을 위해 처음 제출했던 중학교 역사 교과서의 일본군 위안부 관련 그림과 지도이다. 왼쪽 그림은 일본군 위안부로서 피해 사실을 공개 증언한 김순덕(2004년 별세) 할머니의 그림이며, 오른쪽 지도에 찍힌 붉은 점들은 전쟁 중 위안소가 설치됐던 장소이다. 그러나 이 교과서는 검정에서 불합격 판정을 받았다. 출판사는 내용을 대폭 수정하고 검정을 재신청하여 어렵게 일본군 위안부 관련 내용을 중학교 교과서에 실을 수 있었지만, 이 그림과 지도는 교과서 내용에서 제외했다. ⓒ연합뉴스가 아니었습니다. 이제라도 일본에 의해 짓밟힌 인간으로서의 존엄을 되찾아야 한다는 뜻이 담겨 있는 것이지요. 그럼에도 불구하고 대한민국 정부가 아무 일도 하지 않는 것은 할머니들의 기본권을 침해하는 것이라고 헌법재판소는 본 것입니다. 어느덧 고령이 된 할머니들이 하나 둘씩 세상을 떠나고 있다는 것도 판결에 영향을 주었을 것입니다. 더 이상 시간을 끌다가는 영원히 실현 불가능한 일이 되어 버릴지도 모르니까요.

그러면서도 시간은 속절없이 흐르고 있습니다. 위안부 할머니들의 죽음을 알리는 소식이 하루가 멀다하고 들려오고 있지요. 자신이 일본군 위안부였음을 처음 밝힌 김학순 할머니는 끝내 아무런 사과도 받지 못하고 1997년 12월 16일 세상을 떠나고 말았습니다.

헌법재판소 판결이 나온 지 여러 해가 지났지만, 여전히 대한민국 정부는 이렇다 할 정책을 내놓지 못하고 있습니다. 일본은 여전히 남의 일인 듯 모른 체하거나 사과도 반성도 아닌 애매한 말만 되풀이하고 있지요. 그러면서 세계 곳곳에 세워지고 있는 '소녀상'을 미운 눈으로 보면서 쓰러뜨리거나 없앨 궁리를 하고 있습니다.

2015년 12월 28일 갑작스럽게 발표된 한국과 일본 두 나라

외교 장관의 기자 회견도 실망스럽기는 마찬가지였습니다. 위안부 문제에 대해 일본 정부의 책임을 인정하고 사죄와 반성을 표명한다고 하였으나, 그건 일본 총리의 입에서 나온 말이 아니었습니다. 더군다나 사죄는 이번이 마지막이고, 결코 거스를 수 없는 약속이라며 못을 박듯이 말함으로써 듣고 있던 사람들을 어리둥절하게 하였지요. 그 대신 내겠다는 10억 엔이라는 돈에 일본 대사관 앞 소녀상을 없애는 대가가 들어있다는 말이 일본 언론에서 나오자, 그제야 시민들은 눈엣가시를 치우고 서둘러서 문제를 마무리 짓고 싶어 하는 그들의 속셈을 알 것도 같았습니다. 할머니들은 한 마디 말도 없이 도둑처럼 다가온 소식에 그저 망연자실할 뿐이었습니다. 이번에도 진심어린 사과와 배상을 받지 못한 채, 더는 나올 게 없을 것 같은 눈물을 또 한 번 흘려야 했지요. 2023년 한일정상회담도 마찬가지였습니다. 일본은 오히려 2015년의 위안부 합의를 지키라며 목소리를 높였고, 대한민국 정부는 이번에도 진정한 사과 한 마디 받아내지 못하고 빈손으로 돌아왔습니다. 일본군 강제 위안부 할머니들에게 젖을 먹이지 않는 어머니 대한민국, 그런 대한민국에게 우리는 무슨 말을 해야 할까요? 우리는 무엇으로 할머니들을 위로할 수 있을까요?

또 하나의 희망

산업재해와 노동자의 권리 이야기

    어릴 적, 아직 동도 트지 않은 새벽에 일하러 가시는 아버지를 배웅하면서 마음이 짠해지던 기억이 있습니다. 여러분도 혹시 그런 적이 있나요? 가족을 위해 저만큼 고생하시는데, 혹시라도 다치거나 병이 나면 어쩌나 하고 말이지요. 근로복지공단에서 만든 텔레비전 광고를 보면, 근로자가 일을 하다 다쳐도 '산업재해보상보험'이라는 것의 도움을 받을 수 있다고 나옵니다. 맞는 말입니다. 병원비는 물론 보상금도 나오고, 다시 일터에 나가 새롭게 시작하도록 지원도 받을 수 있지요.

    누구나 일터에서 일을 하다 몸이 상하면 산업재해보상을

청구할 수 있습니다. 하지만 신청한 사람 모두가 산업재해보험금을 받는 것은 아닙니다. 이미 어떤 병을 가지고 있었거나, 직장 일 때문이 아니라 다른 원인이 있는 근로자라면 보험금을 받지 못하도록 되어 있거든요. 그렇게 되면 꼭 받아야 할 사람이 보험금을 받지 못하는 경우가 생길 수도 있으니까요. 이런 이유로 근로복지공단에서는 보험금을 지급할 때 엄격한 심사를 거칩니다. 산업재해로 판정받지 못해 억울한 사람들은 공단을 상대로 소송을 하는 경우도 많지요.

그러나 중요한 문제는 따로 있습니다. 우리가 알고 있는 산업재해보상보험이 보통 사람들에게는 문턱이 너무 높은 사회보장제도라는 것이지요. 직장 일 때문에 병에 걸렸다는 사실을 입증할 책임이 여전히 근로자에게 있고, 게다가 아주 높은 수준의 과학적인 근거를 요구한다는 점에서 그렇습니다.

삼성 반도체 근로자였던 고 황유미 양과 그 가족은 근로복지공단과 기업을 상대로 쉽지 않은 싸움을 벌여야 했습니다. 황유미 양의 아버지 황상기 씨는 어린 딸이 왜 죽었는지 진실을 밝히고 싶었습니다. 그러나 황유미 양을 고용했던 삼성 반도체는 자신들의 사업장이 병의 원인을 제공했다는 사실을 인정하고 싶지 않았습니다. 황유미 양의 유족이 낸 소송의 겉모습은 보험금을 받기 위해 공단과 벌이는 다툼으로 비쳤지만,

사실은 그게 아니었습니다. 근로자가 좋은 환경에서 건강하게 일할 권리에 대한 싸움이었지요. 이 소송에서 법원은 과연 어떤 판결을 내렸을까요?

2006년 어느 날이었습니다.

"아빠, 나 집에 가야겠어."

유미가 집으로 전화를 걸어왔습니다.

"무슨 일 있니?"

여느 때와 달리 착 가라앉은 유미의 목소리에 아버지는 걱정이 앞섰습니다.

"그냥 좀 아파. 병원에 가서 검사도 받고 엄마 밥도 좀 먹고…… 암튼 내일 집에 갈게."

"그래. 집에 와서 좀 쉬면 나을 거야."

속초 집으로 온 유미는 안색이 창백했습니다. 큰 병은 아닐 거라고 마음을 달래며 유미와 부모는 병원으로 향했어요. 그런데 병원에서의 진단은 놀랍게도 급성 백혈병이었습니다. 청천벽력과도 같은 진단이었지요. 당장 입원해서 치료한다고 해도 어찌 될지 알 수 없는 무서운 병이었습니다.

"왜 진작 아프다고 말하지 않았니?"

"그냥…… 말썽 없이 잘 다니고 싶었어요. 아프다고 하면 회사에서 그만두라고 할 텐데요."

아버지의 물음에 유미는 그저 힘없이 대답했습니다. 곧바로 항암 치료에 들어갔습니다. 지독한 항암 치료로 머리카락은 다 빠져 버리고, 기력은 나날이 쇠약해져만 갔습니다.

유미 아버지 황상기 씨는 야윈 딸을 꼭 끌어안았습니다. 정말이지 자랑스러운 딸이었습니다. 넉넉지 않은 가정 형편을 생각해서 스스로 실업계 학교에 진학했던 속 깊은 아이였지요. 어디 그뿐이겠습니까? 공부도 열심히 해서 학교를 졸업하기도 전에 대기업인 삼성 반도체에 취직해 살림을 도운 대견스러운 딸이기도 했습니다. 휴일에도 주로 기숙사에 머물렀고, 노래방에서 몇 시간씩 혼자 노래를 부르는 것이 유미가 누리는 휴식의 전부였어요. 그런 딸에게 왜 이런 무서운 병이 생겼는지, 아버지는 생각할수록 가슴이 아팠습니다.

백혈병이라는 진단도 그랬지만, 수천만 원이나 되는 병원비는 가족에게 재앙이나 다름없었습니다. 어떻게든 병원비를 마련하려고 애쓰던 유미의 가족에게 어느 날 양복 입은 남자들이 찾아왔어요.

"저희는 삼성 반도체에서 황유미 씨와 함께 근무하는 사람들입니다. 회사에서 유미 씨를 위해 모금을 했습니다. 얼마 되지 않지만 병원비에 보태 주십시오."

그들은 유미 아버지에게 봉투를 내밀었습니다. 봉투에는 수백만 원이 들어 있었지만 병원비에는 턱없이 부족했어요. 하지만 돈의 액수를 떠나 유미 아버지는 그 마음이 고마웠습니다. 그때 유미의 상관이라는 남자가 덧붙여 말했습니다.

"유미 씨가 병 치료에 집중해야 하고, 아무래도 그 기간이 길어질 것 같으니 퇴사 처리를 해 주시면 좋겠습니다. 그러면 좀 더 많은 돈이 지급되어 병원비를 내는 데도 적잖이 도움이 될 것입니다."

유미 아버지는 이렇게 말했습니다.

"당장은 아픈 아이를 살리는 게 우선이니…… 생각해 보겠습니다."

그리고 얼마 뒤, 유미 아버지는 아픈 딸을 대신해서 회사에 퇴직 신청을 했고 3500여만 원을 받아 병원비로 사용했습니다. 하지만 그것으로도 병원비는 충분치 않았습니다. 하루하루 꺼져 가는 딸의 생명을 그저 보고만 있어야 하다니, 아버지의 심정은 이루 말할 수 없이 괴로웠지요.

그 무렵 유미 아버지는 믿기지 않는 사실을 알게 되었습니다. 딸의 회사 동료 중에도 유미처럼 아픈 사람이 있다는 것이었어요. 그게 다가 아니었습니다. 반도체 회사에 다닌 적 있는 근로자들 중 백혈병이나 조혈계통의 희귀 질환으로 고생한 사

람이 70여 명에 이르고, 그들 가운데 몇몇은 이미 세상을 떠나기도 했다는 것이었습니다.

안 그래도 황상기 씨는 회사가 뭔가 숨기고 있는 건 아닌지 의심스런 생각이 들던 참이었습니다. 유미가 어떤 환경에서 일했는지 물을 때마다 회사는 냉랭하게 대하며 자꾸 대답을 회피하려고 했습니다. 하나 둘씩 늘어만 가는 의문과 치밀어 오르는 분노가 내내 아버지를 괴롭혔어요. 아무래도 유미는 그냥 병에 걸린 게 아닌 듯했습니다.

유미 아버지 황상기 씨는 딸의 생명이 꺼지기 전에 뭐라도 해야만 할 것 같았습니다. 딸은 말할 것도 없고, 젊고 건강하던 동료들이 같은 시기에 비슷한 병에 걸렸다는 것이 상식적으로 이해가 되지 않았어요. 그러던 2007년 3월 6일, 유미는 병세가 깊어져 사경을 헤매더니 병을 앓게 된 지 8개월 만에 기어이 세상을 떠나고 말았습니다. 스물세 살 꽃다운 나이에, 아버지가 몰던 택시 뒷좌석에서였지요.

"유미야! 유미야!"

유미의 부모는 가슴을 쥐어뜯으며 울부짖었습니다.

"도대체 내 딸에게 무슨 짓을 한 거야?"

아버지는 절규했습니다. 어떻게든 진실을 밝히고 싶었습니다. 딸을 잃은 아버지에게 더 이상 무서울 것은 없었습니다.

"내 딸이 왜 죽어야만 했는지 나는 그 이유를 알아야겠습니다. 그 책임이 누구에게 있는지도 분명하게 묻고자 합니다."

황상기 씨는 죽은 유미를 위해 거리로 나가 시민들에게 호소했습니다. 근로자가 일터에서 목숨을 잃었다면, 마땅히 기업에서는 책임 있는 말과 행동을 보여야 하는 것입니다. 자식을 잃은 부모가 그러지 않는 기업의 사죄와 보상을 받고자 하는 것은 단지 돈 얼마의 문제가 아니었습니다. 그것은 죽은 유미와 가족의 억울함을 달랠 유일한 길이었지요.

그즈음 반도체 노동자의 건강과 인권을 지키기 위해 '반올림'이라고 하는 단체가 만들어졌습니다. 유미 같은 처지의 근로자를 대변하려는 마음들이 하나 둘씩 모인 결과였지요. 지금까지 외로운 싸움을 이어 오던 황상기 씨에게 그들은 천군만마와도 같은 힘이 되었습니다. 그들 가운데는 법의 도움을 받을 수 있도록 도와줄 노무사도 있었어요.

이윽고 2007년 6월, 유미 아버지 황상기 씨는 근로복지공단에 산업재해 신청을 했습니다. 하지만 공단에 낸 신청이 2009년에 이르러 기각되자, 2010년 1월에는 공단을 상대로 행정 소송을 제기했습니다. 그때는 같은 직장에서 일했던 이숙영 씨의 유족도 함께였습니다. 이숙영 씨는 2006년 7월 백혈병에 걸렸다는 진단을 받고 한 달 만에 서른 살의 나이로 숨을 거두었어요.

황상기 씨는 법정에서 침착하게 말했습니다.

"우리 유미는 건강하던 아이입니다. 회사에서 일하던 중 방사능 물질에 노출된 것이 분명합니다. 그러니 산업재해인 것입니다."

삼성 반도체 측은 피고인 근로복지공단의 참고인으로만 소송에 관여하면서 이렇게 주장했습니다.

"우리는 철저하게 관리했습니다. 황유미 씨의 일은 유감이지만 우리의 책임이라고 보기 어려우니 산업재해보험금을 지급해서는 안 됩니다."

황상기 씨는 기가 막혔습니다. 자기 회사를 위해 일하던 근로자가 죽었는데, 산재보상을 받도록 도와도 억울한 판에 오히려 회사는 정반대의 입장만 고집했습니다. 그 까닭은 뻔한 것이었습니다. 그래야 비슷한 병에 걸린 다른 이들에게 보상해 주지 않아도 되고, 예방을 위해 최선을 다했다는 그들의 주장이 인정되기 때문이었어요. 또 그렇게 되어야만 도덕적인 비난을 받을 일도 없어지는 것입니다.

황상기 씨의 목소리가 조금 높아졌습니다.

"사람은 사람답게 일할 수 있어야 합니다. 사람은 기계가 아닙니다. 내 딸은 그저 그렇게 쓰다 버릴 기계의 부속품이 아니란 말입니다. 유미는 우리에게 아주 소중한 딸이었고, 유미에게 삼성 반도체는 자랑스러운 직장이었습니다. 백혈병이 흔한 병도 아닌데, 왜 유미가 그 병에 걸려야 했는지, 같은 공장 같은 라인에서 왜 그 많은 사람들이 이상한 병에 걸렸는지 저는 알고 싶습니다. 그들은 모두 유미의 가족 같은 선후배이자 노동자입니다. 직장에서 일하던 노동자의 몸에 병이 났다면 당연히 회사에서 책임을 져야지, 그걸 쉬쉬한다고 해결이 되겠습니까? 얼마나 더 많은 사람이 죽어야 합니까?"

"우리 사업장의 안전 관리에는 아무 문제가 없었습니다. 따님의 죽음은 안타깝지만, 그래도 산업재해는 아닌 것입니다."

회사 측에서는 여전히 같은 말만 되풀이할 뿐이었습니다. 다들 그럴 거라고 했습니다. 근로복지공단과 대기업을 상대로 승소하기는 힘들 거라고 말이지요. 변호사를 선임할 만큼 충분한 돈도, 시간 여유도 없었습니다. 이에 더하여 은밀하게 내미는 회유의 손길과 돈을 밝힌다는 비난까지 온갖 것들이 유미 아버지를 힘들게만 했지요.

그러나 유미 아버지는 끝까지 싸우기로 마음먹었습니다. 더는 억울한 죽음이 있어서는 안 된다는 것이 첫 번째 이유였습니다. 그리고 근로자의 안전 관리에 문제가 있었다면 이를 솔직하게 인정하는 것이 도리라고 생각했습니다. 이는 유미를 비롯

반도체 노동자의 건강과 인권 지킴이 '반올림' 등 황유미 및 산업재해 사망 노동자 추모위원회 회원들이 사망한 반도체 노동자들의 얼굴 사진을 들고 행진하고 있다. ⓒ경향신문

한 수십 명 근로자의 문제이자, 앞으로 닥칠지 모를 더 큰 재앙에 대한 문제이기도 했으니까요.

황상기 씨는 굳은 마음으로 이렇게 말했습니다.

"도대체 정의가 무엇입니까? 상식이 무엇입니까? 스물셋 꽃다운 아이가, 열심히 살려고 애쓰던 아이가 쓰러져 죽었는데, 이렇게 입을 막고 눈을 막고 귀를 막아 버리면 정의가 있을 곳은 도대체 어디란 말입니까? 어딘가에서 누가 또 피를 토하고 쓰러지면, 그저 다른 사람으로 교체해 버리면 그만이라는 것입니까? 우리가 아는 상식은 언제쯤 현실이 될 수 있단 말입니까?"

이듬해인 2011년 6월 23일, 유미 아버지 황상기 씨는 비로소 약속을 지킬 수 있었습니다. 무슨 일이 있어도 포기하지 않겠다는 자신과의 약속이자 죽은 딸하고의 약속이기도 했지요. 그날 1심 소송에서 서울행정법원은 유미 아버지의 편에 서서 그 손을 들어 주었습니다. 재판부는 '직장에서 일하는 동안 여러 가지 화학 물질과 방사선에 노출된 것이 백혈병의 원인이 된 것으로 추정할 수 있다'고 판결함으로써 산업재해라는 것을 최초로 인정했습니다. (서울행정법원 2011. 6. 23. 선고 2010구합1149 판결)

근로복지공단은 이에 수긍할 수 없다며 곧장 항소했습니다.

법원의 2심 재판이 열리기까지는 3년이라는 시간이 더 필요했어요. 그러나 2014년 8월 서울고등법원은 이번에도 산업재해로 인정해야 한다며 1심과 같이 원고 승소 판결을 내렸습니다. (서울고등법원 2014.8.21. 선고 2011누23995 판결) 이에 공단 측이 상고를 포기하면서 마침내 판결이 마무리되었지요. 이로써 삼성전자 기흥 공장 반도체 생산 라인에서 일하다 백혈병으로 숨진 고 황유미, 이숙영 씨에 대한 산업재해가 최종 확정된 것입니다. 법원에서 확정 판결을 받기까지 6년이라는 시간이 걸린 것이지요.

또 하나의 희망을 가지게 된 눈동자들이 그 판결을 지켜보고 있었습니다. 같은 직장에서 비슷한 일을 하다가 희귀병에 걸렸지만, 산업재해 판정을 받지 못하고 저 세상으로 간 근로자가 70여 명에 이르고, 그보다 훨씬 많은 근로자들이 지금 이 시간에도 무서운 직업병과 싸우고 있었습니다. 더 이상 증거가 부족해서 산업재해로 인정받을 수 없다는 말이 들려오지 않기를, 더 이상은 억울한 죽음이 계속되지 않기를 그들은 오늘도 간절히 바라고 있지요.

우리는 대부분 노동자가 되어 일을 하며 살아갑니다. 여러분도 학교를 졸업하고 취업을 하면, 어떤 회사에서든 일을 하며 생계를 꾸려가게 되겠지요. 여러분이 근로자가 되었을 때는 황유미 양이 겪은 슬픈 일은 아주 먼 옛날의 이야기쯤으로 여기면 좋겠습니다. 근로자도 사용자와 똑같이 존중받고, 좋은 환경에서 건강하게 일할 수 있는 권리가 당연히 보장되는 나라가 되면 좋겠습니다. 여러분도 그렇게 생각하겠지요?

12

바다로 간 제돌이

남방큰돌고래와 동물의 권리 이야기

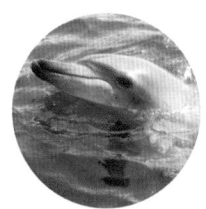

혹시 돌고래 공연을 본 적 있나요? 언제나 웃는 얼굴로 그들만이 낼 수 있는 독특한 소리를 내거나, 길쭉한 입으로 훌라후프를 돌리면 사람들은 아주 신기해합니다. 영리한 돌고래들이 수조 안을 빠른 속도로 돌다가 물 위로 멋지게 튀어 오르면 어른 아이 할 것 없이 박수를 치며 환호하지요.

하지만 여러분도 알듯이 그것은 엄청난 훈련의 결과입니다. 우리가 전혀 볼 수 없는 곳에서, 우리가 상상하는 것 이상으로 고된 시간을 보냈다는 뜻이에요. 바다에 살던 돌고래들이 그런 재주를 가지고 있을 리 없으니까요. 많은 사람들이 동물 학대라고 하면서 돌고래 공연을 금지해야 한다고 주장하는 까닭도 바로 거기에 있습니다. 게다가 돌고래들은 전 세계 곳곳에서 멸종 위기에 처해 있기도 해요.

우리나라도 마찬가지입니다. 몇 해 전 우리나라 제주도에서는 아주 흥미로운 돌고래 판결이 있었습니다. 소송이 진행되는 동안 법정 안팎에서는 돌고래 공연을 찬성하는 쪽과 반대하는 쪽 사이에 아주 치열한 설전이 오갔어요. 주인공 돌고래의 이름은 바로 '제돌이'였습니다. 우리 헌법은 좋은 환경에서 살 권리인 '환경권'을 기본권으로 규정하고 있고, 그에 따라 함부로 동식물을 잡거나 채취하면 처벌을 받을 수도 있습니다. 하지만 어떤 사람들은 동물 공연을 보는 것도 인간의 자유이고 권리라고 생각하고 있습니다. 집에서 기르는 애완동물하고 별로 다를 게 없다고 말이지요.

여러분은 어떻게 생각하나요? 그나저나 제돌이는 누구이며, 어디에서 어떻게 살다가 우리 앞에 서게 되었을까요?

우리나라 제주도 해안에는 '남방큰돌고래'가 살고 있습니다. 세계에서 우리 연안에서만 볼 수 있는 토종이면서 국제보호종으로 지정되어 있지요. 제돌이가 바로 그 남방큰돌고래입니다. 크게 자라면 길이가 2.7미터나 되고 몸무게도 230킬로그

물 밖으로 얼굴을 내밀고 있는 남방큰돌고래 '제돌이' ⓒ연합뉴스

램이 넘습니다. 길고 매끈한 몸에, 둥글고 약간 솟은 머리를 갖고 있지요. 등은 짙은 회색이고, 배 쪽은 연회색이거나 거의 흰색에 가깝습니다. 어린아이 정도의 지능을 가진 아주 영리한 동물로도 알려져 있지요. 이런저런 물고기나 새우, 오징어를 즐겨 먹으면서 5~15마리씩 무리지어 다니며 살고 있습니다.

그런 남방큰돌고래들이 언제부터인가 심한 몸살을 앓고 있습니다. 개발이라는 이름으로 여기저기 사람의 손길이 닿으면서 연안이 훼손되자 돌고래들의 삶의 터전도 나날이 황폐해졌습니다. 어떤 어부들은 돌고래를 함부로 잡아서 고기로 팔았고, 살아서 잡힌 돌고래들은 놀이공원으로 팔려가서 사람들의 눈과 귀를 즐겁게 해 줄 '쇼'를 해야만 했지요. 그 많던 돌고래들이 이제는 100여 마리밖에 남지 않았습니다.

지금부터 이야기할 제돌이도 그렇게 살았습니다. 제주도 푸른 바다에서 태어나 친구들과 함께 유유히 헤엄치며 놀았지요. 하늘은 파랗고 바닷물은 엄마 품처럼 따뜻했습니다. 그러던 어느 날 제돌이는 잠시 한눈을 파는 사이 무리와 떨어지고 말았습니다.

'여기가 어디쯤일까?'

잠시 길을 잃고 헤맬 즈음, 제돌이는 그만 사람들이 쳐 놓은 그물에 걸리고 말았습니다. 아차, 싶었지만 이미 때는 늦었어요. 사람들은 잔인한 손길로 제돌이를 뭍으로 끌어 올렸습니다. 그러고는 제돌이를 에워싼 채 신기한 듯 들여다보면서 알 수 없는 이야기들만 나눴습니다. 2009년 5월 어느 날, 서귀포 부근에서였지요.

사람들은 제돌이를 어디론가 데려갔습니다. 다행인지 불행인지, 그곳에서 제돌이의 새로운 삶이 시작되었습니다. 좁은 수족관에 갇혀서 사람들이 주는 먹이를 받아먹으며 그들이 시키는 훈련에 몸을 맡겼습니다. 살기 위해서는 어쩔 수 없었어요. 영리한 제돌이는 저항해 봐야 아무 소용 없다는 것을 본능으로 알 수 있었습니다.

얼마 지나지 않아 제돌이의 공연이 시작되었습니다. 그리 멀지 않은 제주 퍼시픽랜드의 답답한 수조에서 제돌이는 사람들 앞에 나섰습니다. 주말이면 더 많은 사람들이 몰려왔고, 제돌이는 먼저 잡혀 온 돌고래들과 함께 사람들을 위한 공연을 해야 했습니다. 시간이 갈수록 제돌이의 몸은 쉬운 먹잇감과 항생제에 길들여졌어요. 더 높이 튀어 올라 사람들의 박수소리가 커질수록 먹이는 더 자주 입속으로 들어왔지요.

그리고 얼마 뒤, 제돌이는 제주를 떠나 다시 서울로 옮겨 가야 했습니다. 서울대공원에 있는 동물원으로 팔려가게 된 것이지요. 그곳에서도 제돌이는 사람들의 웃음소리와 박수소리에 내고 싶지 않은 소리를 질러대며 긴 시간을 버텨야 했습니다. 여러분 중에도 제돌이를 본 친구가 있을지 몰라요. 서울대공원 동물원의 돌고래 공연은 바로 제돌이 담당이었으니까요.

그런 어느 날, 사람들이 제돌이를 가리키며 수군대기 시작했습니다. 조련사의 손길도 예사롭지 않게 불안했지요. 도대체 무슨 일인지, 불안하기는 제돌이도 마찬가지였습니다. 이유는 곧 드러났습니다. 그물에 걸린 돌고래는 바로 풀어 줘야 한다고 법에도 나와 있으니, 불법으로 잡은 돌고래를 풀어 주라는 시민들의 목소리 때문이었어요. 시민들의 호응이 점점 커지자, 마침내 해양경찰청은 2011년 7월에 제주 바다에 사는 남방큰돌고래가 불법으로 포획되었다고 정식으로 발표하기에 이르렀습니다. 이에 검찰은 법을 어기고 돌고래를 잡은 어부와 공연 업체를 법원에 기소했지요.

이듬해인 2012년 2월부터 법정에서의 공방이 시작되었습니다. 동물원 돌고래를 바다로 돌려보내는, 세계에서도 보기 드문 재판이 벌어진 것이지요. 이에 따라 시민들의 의견도 두 갈래로 갈렸습니다. 동물을 보호해야 한다는 입장이 더 큰 지지를 받고 있었지만, 돌고래 공연 업체 쪽의 주장도 만만치 않았어요.

"돌고래 쇼는 분명한 동물 학대입니다. 돌고래들이 어떻게 훈련 받는지 한 번이라도 보았다면 아니라고 하기는 어려울 것입니다. 사람의 즐거움을 위해 동물을 학대해서야 되겠습니까?"

"그건 학대가 아닙니다. 우리는 그저 동물을 잘 기르고 있을 뿐입니다. 집에서 기르는 애완동물이 불법이 아니듯이 말입니다. 돌고래 공연을 보면서 아이들이 얼마나 좋아하는지 모르십니까? 우리 덕분에 사람들은 돌고래를 가까이에서 볼 수 있는 것입니다."

"돌고래는 배를 타고 바다에 나가서 볼 수도 있고, 책으로도 얼마든지 볼 수 있는 것입니다. 꼭 쇼를 봐야만 돌고래에 대해 알게 되는 것도 아니지 않습니까? 돌고래를 두고 애완동물 어쩌고 하는 것은 인간의 이기심 때문입니다. 더구나 그 이기심은 결국 우리들 자신을 공격하게 될 것입니다. 어찌 되었든 불법으로 잡은 돌고래는 풀어 줘야 마땅합니다."

"우리는 제돌이가 불법 포획된 것인 줄 몰랐습니다."

"그건 말이 되지 않습니다. 공연을 위한 돌고래라면 합법적인 증명이 있어야 합니다. 그러한 증명 없이 거래가 되었다면, 당연히 불법으로 잡았다는 것을 충분히 예상할 수 있는 것입니다. 그럴 경우에는 반드시 경찰에 신고해야 한다며 법에도 명시되어 있습니다. 그들을 훈련시켜 돈벌이를 해서는 결코 안 되는 것입니다."

"설령 그게 불법 포획이라 하더라도 누군가는 이 공연을 해야 하지 않겠습니까? 교육적인 목적이란 것도 있는 것입니다. 우리 아이들이 어디 가서 이런 돌고래를 볼 수 있느냐 이 말입니다. 자연을 사랑하려면 우선 알아야지요. 눈으로 보고, 직접 느낄 수 없는 자연이 다 무슨 소용이란 말입니까? 더구나 이 돌고래들은 사람의 손길에 이미 익숙해져서 바다로 나가면 곧 죽을지도 모릅니다. 벌써 오래 전에 야생의 삶을 잃어버렸기 때문입니다. 그러니 우리는 비싼 돈을 들여가며 동물을 보호하고 있는 것입니다. 정말 억울합니다."

"그건 말도 안 되는 억지입니다. 곧바로 보내지 않고 일정한 시간 동안 적응 훈련을 거친다면 얼마든지 가능합니다. 나라 안팎에서 돌고래를 연구하는 학자들의 도움을 받을 수도 있습니다. 정말 중요한 것은 불법 포획 문제입니다. 더구나 불법 포획으로 돈을 버는 돌고래 쇼는 이제 금지되어야 합니다. 벌써 여섯 마리가 수조에 갇혀 살다 죽었고, 이제 다섯 마리만 남았습니다. 만약 이를 계속 허용한다면, 더 큰 비극을 보게 될 수밖에 없습니다."

동물 보호를 주장하는 쪽에서는 인간에게 권리가 있다면 동물에게도 권리가 있다고 주장했지만 공연 업체 측에서는 이를 받아들이지 않았어요. 그러나 시간이 갈수록 시민들의 생각은 한쪽으로 기울기 시작했습니다. 우리 헌법이 보장하고 있는 환경권은 미래 세대를 위한 권리이고, 그런 미래 세대가 좀 더 좋은 환경에서 살아가려면 멸종 위기에 몰린 돌고래를 잡아서는 안 된다는 쪽으로 말이지요. 인간과 마찬가지로 동물도 하나의 고귀한 생명체인데, 나름의 자유를 누리며 살아야 할 생명이 인간의 즐거움을 위해 희생된다는 것은 너무 가혹하다는 의견이었습니다.

그때 생각지도 못한 일이 생겼습니다. 제주지방법원에서의 1심 판결을 기다리고 있던 중에 박원순 서울시장의 발표가 나온 것입니다.

"돌고래는 바다에서 헤엄치며 살아야 합니다. 재판 결과와 상관없이 제돌이를 바다로 돌려보내겠습니다."

시민들은 다소 놀라면서도 그 뜻을 환영하고 나섰습니다. 서울대공원을 관리하고 있는 서울시의 시장으로서 고민 끝에 결정한 일이었습니다. 제돌이를 안전하게 바다로 돌려보내기 위한 시민 위원회도 만들고, 여러 동물학자들의 도움을 받아서 적응 기간도 충분히 가지기로 했습니다. 드디어 제돌이가 고향 바다로 돌아갈 수 있게 된 것이지요.

2012년 4월에 나온 법원 판결도 시민들의 뜻과 다르지 않았습니다. 법을 어기고 남방큰돌고래를 포획한 사람들을 처벌하라는 판결이 나온 것이지요. 돌고래 공연 업체 측은 법원의 1심 판결에 승복하지 않고 항소했지만, 그해 12월에 열린 2심 재판에서도 같은 선고를 받았습니다. 대법원에서도 그들에게는 2심 판결이 옳다는 취지의 판결이 내려졌지요. (대법원 2013. 3. 28. 선고 2012도16383 판결) 이로써 불법으로 잡아 두고 있던 돌고래들을 모두 풀어 주게 되었습니다. 먼저 방사하기로 한 제돌이는 물론 춘삼이, 삼팔이, 태산이, 그리고 복순이 모두에게 해당되었어요. 이제 남방큰돌고래는 보호 생물로 새로 지정되어서 정부의 허가 없이는 누구도 잡을 수 없게 되었습니다.

2013년 7월 18일, 그 날은 제돌이와 춘삼이가 적응 기간을 거쳐서 고향 바다로 돌아가는 날이었습니다. 두 돌고래는 제주에서부터 같이 훈련 받고 공연도 해 온 사이였지요. 원래는 삼팔이까지 세 마리가 가게 되어 있었는데, 삼팔이는 한 달쯤 전에 가두리 양식장을 저 혼자 빠져 나가서 돌고래 무리와 섞여 지내고 있었습니다. 태산이와 복순이는 몸이 아직 회복되지 않아서 치료가 더 필요했어요.

그동안 제돌이를 비롯한 돌고래들을 위해 노력해 온 눈동자들이 지켜보고 있었습니다. 여러 대의 카메라 렌즈들도 제돌이와 춘삼이가 어떤 행동을 보일지 내내 따라다니고 있었지요. 다

제주 연안에서 살고 있는 남방큰돌고래의 무리. ⓒ연합뉴스

들 가슴이 벅차올라서 자유를 찾아 떠나는 모습을 저마다 상상하며 눈을 떼지 못하고 있었습니다. 그런데 제돌이와 춘삼이는 아주 조용히 사라졌습니다. 뒤도 안 돌아보고 떠나 버린 것 같아서 어떤 사람들은 조금 섭섭한 마음이 들기도 했어요.

"이제 다시는 사람들을 위한 공연 따위 하고 싶지 않아."

마치 그렇게 말하면서 떠난 것 같아서, 또 어떤 사람들은 제돌이와 춘삼이에게 새삼 미안한 마음이 들었습니다.

바다로 간 제돌이와 춘삼이는 아주 잘 지내고 있다고 합니다. 2015년 7월 6일에는 건강을 회복한 태산이와 복순이도 자유를 찾아 더 깊은 바다로 나아갔어요. 그러고는 며칠 뒤, 제돌이와 춘삼이가 있는 돌고래 무리를 만났다고 합니다. 마지막까지 태산이와 복순이를 도운 사람들은 그 모습을 보고는 너무 기특하고 고마워서 코끝이 찡해졌다지요. 그러니 돌고래들의 마음은 어땠을까요? 아마도 인간의 언어로는 그 기쁨을 표현할 수 없을 것 같습니다.

 도움 받은 책과 자료

단행본

1 **사회교사가 뽑은 우리 사회를 움직인 판결** 전국 사회교사모임 저 | 휴머니스트 | 2007
2 **나의 만남, 나의 인생** 이태영 | 정우사 | 1991
3 **아름다운 청년 전태일** 박상률 | 사계절
4 **조기정년제의 이론적 배경** 한국여성단체 협의회 | 국회도서관
5 **조영래 변호사 변론 선집, 진실을 영원히 감옥에 가두어 둘 수는 없습니다**
6 **올해의 판결 2008~2013년 92개 판결 한겨레21 선정**
   한겨레 21편집부 편 | 북콤마 | 2014
7 **우리의 법원 세계의 법원** 사법발전재단 | 2008
8 **숨마쿰라우데 법과 사회** 강태호 김민정 외 공저 | 이룸이앤비 | 2004

논문

1 **전통적 가족제도와 헌법-최근의 헌법재판소 판례를 중심으로** | 윤진수
2 **7·80년대 한국 민주화 운동의 성과와 의의, 조영래 변호사를 추모하는 모임**
   서울법대 공익법 인권법 센터
3 **조영래 평전, 세상을 바꾼 아름다운 열정** 안경환 저 <서평> 김철 | 공법연구 제34집 제3호

신문 혹은 잡지 기사

1 **월간경향** 1987.8 | 6년을 쫓겨 다닌 인권 변호사, 정순태
2 **국민일보** 2000.11.24일자 [여의도 초대석] 양미강 한국정신대문제대책협의회 총무
3 **친일반민족행위자 재산의 국가귀속에 관한 특별법 : 친일파후손 몰염치한 소송행각에 쐐기**
  정광모 글 | 국회보 | 화제의 법안
4 **한겨레신문** 2015.7.15일자 | 선거구 획정 관련 기사
5 **친일파 후손 땅 찾기 소송 패소** 2005.12.30일자 | 한국일보 기사
6 **친일파 후손 땅 소송 각하 판결** 2005.11.15일자 | 연합뉴스 인터넷 기사

비디오 자료

1 **돌고래와 당신의 이야기** EBS 녹화자료 | 국회도서관
2 **진실은 감옥에 가두어 둘 수 없다** 조영래 | KBS비디오 | 국회도서관